입이 트이는 영어 보카

영어 회화의
기본은
어휘!!

EBS BOOKS

> **Be faithful in small things because
> it is in them that your strength lies.**
> 작은 것에 충실하세요. 여러분의 힘이 그 안에 있기 때문이에요.
>
> ───────────
>
> **Mother Teresa(1910~1997)**

우리는 '영어를 잘하고 싶다.'는 마음을 가슴에 품고 살아가요. 새해 소망에도, 버킷리스트에도 영어 공부는 빠지지 않는 단골 메뉴지요. 저희 집필진도 모두 영어교육 전문가이지만 학습의 여정은 끝이 없는지라 영어를 더 잘하고 싶은 마음에 매우 깊이 공감합니다. 동시에 더 많은 사람이 어떻게 하면 영어를 더 쉽게, 재미있게 익힐 수 있을까 고민하며 영어에 대한 열망을 지닌 분들을 도와주고 싶다는 생각도 한답니다.

그래서 저희 일곱 명의 집필진이 여러분의 소망을 조금이나마 도와드리기 위해 모였어요. 특히 본 교재는 영어 회화를 염두에 두고 만들었습니다. 실생활의 여러 상황에서 영어를 써야 할 때 반드시 접하게 되는 기본적인 단어들로만 쏙쏙 뽑아 구성하였습니다. 미국 드라마를 보거나 해외에서 실제로 생활하게 되었을 때 여러분이 이 책을 통해 공부했던 단어가 등장하면 엄청 반가울 거예요.

단어를 익히면 조금씩 말이 들리고, 조금씩 말이 들리면 익숙해진 말이 내 입으로 튀어나오게 되지요. 꿈을 시각화(Visualization)하면 실제로 이루어질 가능성이 더 커진다고 하잖아요? 외국인들과 영어를 자유롭게 할 수 있는 내 모습을 머릿속에 그려보면서 자신의 꿈을 향해 한 걸음씩 한 걸음씩 나아가다 보면 어느새 꿈에 부쩍 가까이 다가가 있는 자신을 발견하게 될 거예요. 마더 테레사 수녀의 위 명언에서처럼, 작은 것에 충실하다 보면 누구도 앗아갈 수 없는 자신의 힘을 키우게 될 테니까요.

- 교육 현장 경험이 풍부한 영어교육 전문가의 노하우
- 회화체 문장을 단어 학습에 버무린 집필진의 노하우
- 실제 현지 느낌을 살리기 위해 원어민의 자문을 통해 얻은 노하우
- 여러 번에 걸친 검토 및 오류 점검을 거쳐 완성된 노하우

이 모든 노하우를 녹여서 영어교육 전문가들이 모여 머리를 맞대고, 다시 한번 영어에 도전하고 싶은 독자들을 대상으로 〈EBS 입이 트이는 영어 보카〉를 출간하게 되었습니다. 본 책을 통해 언어를 배우는 기쁨과 새로운 문화를 알아가는 즐거움을 누릴 수 있게 되기를 진심으로 바랍니다.

저자 일동 드림

이 교재의 구성과 특징

- 모든 표제어에 삽화 및 사진을 수록하였습니다. 단어 학습 시 시각 자료를 사용하면 기억에 더 오래 남는다는 말 들어 보셨지요? 시각 자료를 보면서 학습하면 단어 연상이 더욱 잘 될 거예요.
- 단어 학습과 회화 학습을 동시에 할 수 있도록 모든 표제어의 예문은 실생활에서 사용할 수 있는 회화체 예문으로 제공하였습니다. 학구적이거나 딱딱한 문제가 아닌 편안한 구어체로 예문을 구성했어요. 제시된 문장을 통째로 외우는 것도 회화에서 입이 트이게 하는 좋은 방법입니다.
- '친절한 보카샘' 코너도 꼭 읽어 보세요. 표제어에서 파생되는 유의어, 반의어 그리고 표제어와 관련된 다양한 문화적 이해를 돕기 위한 설명을 곁들여 재미있게 영어 공부할 수 있도록 했습니다.
- 초보자를 대상으로 하기는 하지만 성인 독자들을 위해 조금 어려워 보이는 단어일지라도 현실 상황에서 실제 접하게 될 수 있는 단어도 함께 실었습니다. 원어민 감수를 통해 영어권 국가들에서 실제로 많이 사용되는 단어 위주로 구성하였습니다.

❶ **4컷 만화** 만화 속의 대화문은 표제어 일부를 포함하고 있으며, 대화문은 Daily Review의 문제로 재등장합니다.

❷ **친절한 보카샘** 표제어와 관련된 재미있는 문화 포인트, 관련된 기타 표현 및 설명을 제공합니다.

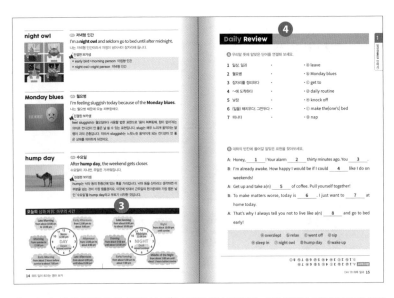

❸ **오늘의 기본[심화] 어휘** 단원의 주제와 관련한 기본 어휘 또는 심화 어휘를 그림 및 도표와 함께 시각적으로 제공합니다.

❹ **Daily Review** 오늘 학습한 단어들을 복습하기 위한 코너입니다. 표제어의 학습을 점검해 볼 수 있는 문항Ⓐ와 4컷 만화에 등장했던 대화문을 복습해 볼 수 있는 문항Ⓑ로 구성되어 있습니다.

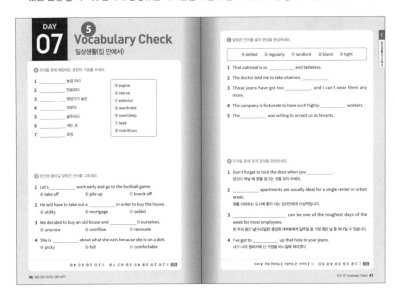

❺ **Vocabulary Check** 한 주의 마지막 날에 6일 동안 학습한 어휘를 복습해 보기 위한 코너입니다. 자신의 학습 상황을 점검하면서 새로운 예문에 적용해 볼 수 있습니다.

이 교재의 **차례**

CHAPTER

1

일상생활
(집 안에서)

CHAPTER 1
일상생활(집 안에서)

DAY 01 하루 일과
아침부터 밤까지

아침은 힘들어!

우리가 아침에 일어난 뒤 잠들 때까지 하루의 일과로 삼는 일들을 표현할 때 사용하는 어휘를 배워 봅시다.

daily routine

phr 일상, 일과

Exercise has become a part of my **daily routine**.

운동은 제 일과의 일부가 되었어요.

go off

phr (알람이) 울리다

The alarm should **go off** automatically as soon as smoke
is detected. 그 알람은 연기가 감지되자마자 자동으로 울려야 해요.

🔧 친절한 보카샘

go off에 off라는 말이 있어도 알람을 끄는 것이 아니라 알람이 울리는 것입니다. go
off에는 다음과 같은 뜻도 있습니다.

- 자리를 뜨다: He **went off** in a great hurry.
  그는 갑자기 자리를 떴어요.
- 전깃불이 꺼지다: Suddenly the lights **went off**.
  갑자기 불이 꺼졌어요.
- 일이 진행되다: The meeting **went off** all right.
  회의는 잘 진행됐어요.

'알람'과 관련한 표현들입니다.

- set an alarm 알람을 맞추다
- miss an alarm 알람을 못 듣다
- sleep through an alarm 알람을 못 듣고 계속 자다

wake up

phr 잠에서 깨다

Wake up, sleepyhead! 잠꾸러기야, 잠에서 깨!

🔧 친절한 보카샘

우리가 흔히 '일어나다'라는 뜻으로 알고 있는 get up과 wake up에는 어떤 차이가
있을까요?

- get up: (자던 장소에서) 일어나다 → 잠자리가 아닌 상황에서도 사용 가능합니다.
- wake up: 잠에서 깨어 눈을 뜨다, 잠에서 깨어 정신이 돌아오다
  I **woke up** at 8, but I didn't **get up** until 10.
  나는 8시에 잠에서 깼지만, 10시까지 잠자리에서 나오지 않았어.

oversleep

[òuvərslíːp]

ⓥ 늦잠 자다

I forgot to set my alarm and **overslept**.

나는 알람을 맞추는 것을 잊어버려서 늦잠을 잤습니다.

> **친절한 보카샘**
>
> 늦잠이 의도적인지 아닌지에 따라 다른 말로 표현합니다.
> - oversleep: (실수로) 늦잠 자다
>   **I overslept** because I didn't hear the alarm.
>   알람을 못 들어서 늦잠 잤어요.
> - sleep in / lie in: (의도적으로) 늦게까지 자다
>   **I slept in** because it was my day off. 휴가라서 늦잠 잤어요.

make the [one's] bed

ⓟʰʳ 잠자리를 정리하다

I **make my bed** everyday.

나는 매일 아침 잠자리를 정리합니다.

> **친절한 보카샘**
>
> You've made your bed, now lie in it. '당신이 정리한 잠자리이니, 이제 당신이 거기에 누워라.'?! 무슨 의미일까요? 바로 '자업자득'의 의미입니다. '당신이 내린 결정이니 그것의 결과를 받아들이라.'라는 뜻입니다.

sip

[sip]

ⓝ 한 모금

She bit into a croissant and took a **sip** of coffee.

그녀는 크루아상을 한입 베어 물고 커피 한 모금을 마셨어요.

ⓥ 홀짝이다, 조금씩 마시다

She paused to **sip** her tea.

그녀는 차를 조금 마시기 위해 잠시 멈추었습니다.

get to

Late arrival

OFFICE

ⓟʰʳ ~에 도착하다

I took a short cut to **get to** school.

나는 학교에 도착하기 위해 지름길로 갔습니다.

> **친절한 보카샘**
>
> get to에는 다음과 같은 뜻도 있습니다.
> - ~하게 되다: We finally **get to** use the technology.
>   우리는 드디어 그 기술을 사용하게 되었습니다.
> - ~을 시작하다: We can **get to** work now if you want.
>   당신이 원하면 우리는 지금 일을 시작할 수 있어요.
> - ~을 괴롭히다: The pressure of work is beginning to **get to** him.
>   업무 부담이 그를 괴롭히기 시작하고 있어요.

nap
[næp]

ⓝ 낮잠

Go take a **nap**. I'll cover for you until you return.

가서 낮잠 좀 자요. 당신이 돌아올 때까지 제가 대신하고 있을게요.

◢ 친절한 보카샘

잠에도 종류가 있습니다. 자는 행동을 표현하는 다음 단어들의 차이를 알아볼까요?
- sleep: 제대로 누워서 수면을 취하는 것입니다. '숙면'은 sound sleep이라고 표현합니다.
- nap: 낮에 피곤을 풀기 위해 잠깐 눈을 붙이는 것입니다. 보통 take와 함께 사용하여 take a nap(낮잠 자다)이라고 표현합니다. get forty winks(40번 윙크할 정도의 짧은 시간 동안 잠시 눈을 붙임)라는 표현도 재미있지요?
- doze: 자기도 모르게 스르르 잠이 들거나 꾸벅꾸벅 조는 것입니다.

knock off

ⓟⓗⓡ (일을) 해치우다; 그만두다

I feel like **knocking off** early today.

나는 오늘 일을 빨리 해치우고 싶어요.

◢ 친절한 보카샘

명사 knockoff에는 '모조품'이라는 의미가 있습니다.
- It turns out that one is a **knockoff**; the other, the real thing.
  하나는 모조품이고 다른 하나는 진품이라는 것이 밝혀졌습니다.

leave
[li:v]

ⓥ 떠나다

I love Fridays because I **leave** work early.

(금요일에는) 일찍 퇴근해서 저는 금요일이 좋아요.

◢ 친절한 보카샘

'퇴근하다'는 다음과 같은 말들로 표현할 수 있습니다.
- leave work / get off work / leave the office / go home from work
'퇴근'과 관련한 다음과 같은 표현들도 있습니다.
- leave work on time 정시 퇴근하다
- work overtime 초과 근무하다

relax
[rilǽks]

ⓥ 휴식을 취하다

When I'm tired, I like to **relax** into a deep armchair.

저는 피곤할 때, 깊은 팔걸이의자에 앉아서 휴식을 취하는 것을 좋아해요.

◢ 친절한 보카샘

relax와 함께 자주 쓰이는 표현으로 kick back(느긋하게 쉬다)이 있습니다.
- **Kick back** and relax! 느긋하게 좀 쉬어!

night owl

phr 저녁형 인간

I'm a **night owl** and seldom go to bed until after midnight.

나는 저녁형 인간이라서 자정이 넘어서야 잠자리에 듭니다.

친절한 보카샘

- early bird=morning person 아침형 인간
- night owl=night person 저녁형 인간

Monday blues

phr 월요병

I'm feeling sluggish today because of the **Monday blues**.

나는 월요병 때문에 오늘 찌뿌둥해요.

친절한 보카샘

feel sluggish는 월요일마다 사용할 법한 표현으로 '몸이 찌뿌둥해, 힘이 없어'라는 의미로 컨디션이 안 좋은 날 쓸 수 있는 표현입니다. slug는 매우 느리게 움직이는 달팽이 과의 곤충입니다. 따라서 sluggish는 느릿느릿 움직이게 되는 컨디션이 안 좋은 상태를 의미하게 되었어요.

hump day

phr 수요일

After **hump day**, the weekend gets closer.

수요일이 지나면, 주말은 가까워집니다.

친절한 보카샘

hump는 낙타 등의 한중간에 있는 혹을 가리킵니다. 낙타 등을 산이라고 생각하면 이 부분을 넘는 것이 가장 힘들겠지요. 이것에 빗대어 근무일의 한가운데라 가장 힘든 날인 '수요일'을 hump day라고 부르기 시작한 것입니다.

오늘의 심화 어휘: 하루의 시간

Daily Review

A 우리말 뜻에 알맞은 단어를 연결해 보세요.

1	일상, 일과	•	• ⓐ leave
2	월요병	•	• ⓑ Monday blues
3	잠자리를 정리하다	•	• ⓒ get to
4	~에 도착하다	•	• ⓓ daily routine
5	낮잠	•	• ⓔ knock off
6	(일을) 해치우다; 그만두다	•	• ⓕ make the[one's] bed
7	떠나다	•	• ⓖ nap

B 대화의 빈칸에 들어갈 알맞은 표현을 찾아보세요.

A: Honey, ___1___ ! Your alarm ___2___ thirty minutes ago. You ___3___ .

B: I'm already awake. How happy I would be if I could ___4___ like I do on weekends!

A: Get up and take a(n) ___5___ of coffee. Pull yourself together!

B: To make matters worse, today is ___6___ . I just want to ___7___ at home today.

A: That's why I always tell you not to live like a(n) ___8___ and go to bed early!

ⓐ overslept   ⓑ relax   ⓒ went off   ⓓ sip
ⓔ sleep in   ⓕ night owl   ⓖ hump day   ⓗ wake up

DAY 02

집 구하기
어떤 집에서 살까?

더 좋은 집으로 이사 가지 뭐 ~!

집을 구하는 일은 살아가기 위해 반드시 필요한 일입니다. 집을 결정하는 중요한 과정에서 사용할 수 있는 어휘를 배워 봅시다.

lease
[liːs]

ⓥ 임대하다; 임차하다
They **leased** the land from a local farmer.
그들은 지역의 농부로부터 그 땅을 임대했습니다.

ⓝ 임대차 계약
Our **lease** on the house expires next month.
우리 집에 대한 임대차 계약이 다음 달에 만료됩니다.

contract
[kántrækt]

ⓝ 계약
My **contract** runs out in September.
저의 계약은 9월에 만료됩니다.

ⓝ 계약서
We should add this clause to the **contract**.
우리는 계약서에 이 조항을 추가해야 합니다.

expire
[ikspáiər]

ⓥ 만료되다
Your passport will **expire** ten years from the issue date.
당신의 여권은 발급일로부터 십 년 후에 만료될 겁니다.

renew
[rinjúː]

ⓥ 연장하다, 갱신하다
Remind me to **renew** my driver's license. It will expire next month.
제가 운전면허를 갱신해야 한다는 것을 알려 주세요. 그것은 다음 달에 만료될 거예요.

🔊 친절한 보카샘

renew는 다양한 대상에 대해 사용될 수 있습니다.
- 계약: We'd like to **renew** the contract.
  우리는 계약을 갱신하고 싶어요.
- 여권: How much does it cost to **renew** my passport?
  여권 갱신은 비용이 얼마가 듭니까?
- 대여한 책: This book is due on the 18th, but can I **renew** it?
  이 책은 18일이 반납일인데, 연장할 수 있을까요?
- 처방전: I need to **renew** my prescription.
  저는 처방전을 다시 받아야 해요.

go house hunting

phr 집을 구하러 다니다

When you **go house hunting** with a real estate agent, you can feel free to look around a house.

부동산 중개인과 집을 구하러 다닐 때, 당신은 부담 없이 집을 구경할 수 있어요.

> **친절한 보카쌤**
>
> '집'을 의미하는 단어들에는 다음과 같은 것들이 있습니다.
> - home: '가정'이라는 추상적 의미가 강합니다.
>   homeland 본국 / homesickness 향수병 / homely 가정적인, 편안한
> - house: home에 비해 '건물'의 개념이 강합니다.
>   householder 집주인 / housework 집안일, 가사 / housewarming 집들이
> - place: 비격식체에서 많이 사용합니다.
>   We went to Lucas' **place** after school.
>   우리는 방과 후에 Lucas의 집에 갔어요.

agent
[éidʒənt]

n (부동산) 중개인

The real estate **agent** had pictures of the house from the outside but none of its interior.

그 부동산 중개인은 그 집의 외부 사진은 가지고 있었지만 집 내부 사진은 가지고 있지 않았습니다.

studio
[stjúːdiòu]

n 원룸 (아파트)

I recommend a **studio** apartment for a single man.

미혼 남성에게 저는 원룸 아파트를 추천합니다.

> **친절한 보카쌤**
>
> 우리가 흔히 생각하는 원룸, 즉 분리된 방이 없이 하나의 공간으로 된 곳을 studio라고 부른다면, one bedroom apartment는 어떤 집일까요? 바로, 거실도 있고 방도 한 개 있는 집입니다. 즉 '거실+방1'인 집인 셈이지요. '거실+방2' 아파트는 two bedroom apartment라고 하면 됩니다.

utility
[juːtíləti]

n (가스, 수도, 전기 등의) 공공시설, 공공요금

We cannot pay for rent and **utilities** with our current salary.

우리는 현재 월급으로는 집세와 공공요금을 납부하는 것이 불가능해요.

landlord
[lǽndlɔːrd]

ⓝ 집주인, 임대인

The **landlord** had promised to renovate the house before we moved in.

집주인은 우리가 이사 들어가기 전에 집을 새로 고쳐 주기로 약속했었어요.

친절한 보카샘

집주인으로서 집을 내 놓을 때 다음과 같은 표현을 사용할 수 있습니다.

- for lease: 세입자를 구할 때 → 셋집 있음!
- for sale: 매수자를 구할 때 → 매물 있음!

tenant
[ténənt]

ⓝ 세입자, 임차인

The **tenant** must ask for permission from the landlord prior to making any changes to the apartment.

세입자는 아파트를 고치기 전에 집주인의 허락을 받아야만 합니다.

furnished
[fɔ́ːrniʃt]

adj 가구가 비치된

They're renting a **furnished** apartment on the third floor.

그들은 3층에 있는 가구가 비치된 아파트를 임대할 거예요.

친절한 보카샘

Is it furnished?(이 집에 가구가 있나요?)라고 물었을 때, '가구가 완전히 갖추어진 집'은 fully furnished, '가구가 없는 집'은 unfurnished, '일부 가구만 있는 집'은 half-furnished로 표현합니다.

mortgage
[mɔ́ːrgidʒ]

ⓝ 주택 담보 대출; 주택 담보 대출금

Your **mortgage** will be repaid over 30 years.

당신의 주택 담보 대출금은 30년에 걸쳐 상환될 것입니다.

ⓥ 저당 잡히다

They had to **mortgage** their house to pay the bills.

그들은 공과금을 내기 위해 집을 저당 잡혀야 했습니다.

친절한 보카샘

<loan vs. mortgage>

loan은 '일반적인 대출(금)'을 가리키고 mortgage는 '주택 등을 담보로 한 대출(금)'을 의미합니다. 두 단어 중 loan이 더 상위 개념이고 mortgage는 mortgage loan의 줄임말로서 loan의 하위 개념이라고 할 수 있습니다.

preferably
[préfərəbli]

adv 이왕이면; 오히려

We're looking for a new house, **preferably** one near the school.

우리는 새집을 찾고 있는데, 이왕이면 학교 근처에 있는 것으로요.

친절한 보카샘

- prefer A to[over] B: A를 B보다 선호하다. 비교 대상이 되는 B 앞에 than(~보다) 대신 to[over]를 써야 합니다.
  - · I **prefer** the city **than** the countryside. (×)
  - · I **prefer** the city **to[over]** the countryside. (○)
    나는 시골보다 도시를 선호해요.

sublet
[sʌ́blèt]

v 재임대(임대한 집을 다른 사람이 일정 기간 동안 다시 임대함)하다

There is a clause in the contract forbidding tenants to **sublet**.

그 계약서에는 세입자에게 재임대를 금하는 조항이 있습니다.

오늘의 심화 어휘: 평면도

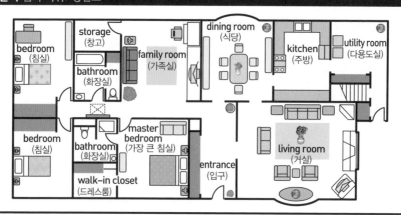

Daily Review

A 우리말 뜻에 알맞은 단어를 연결해 보세요.

1 재임대하다 · · ⓐ tenant
2 가구가 비치된 · · ⓑ furnished
3 집을 구하러 다니다 · · ⓒ sublet
4 주택 담보 대출 · · ⓓ go house hunting
5 공공시설, 공공요금 · · ⓔ mortgage
6 세입자, 임차인 · · ⓕ utility
7 (부동산) 중개인 · · ⓖ agent

B 대화의 빈칸에 들어갈 알맞은 표현을 찾아보세요.

A: Honey, we should look for a new house for ___1___ . Our two-year ___2___ is due to ___3___ .

B: It would have been better if the ___4___ could ___5___ the lease.

A: It's not bad to get a new place which is bigger than this ___6___ . I'm really starting to feel boxed in here.

B: Do you have any specific type of house in mind?

A: I'd like to lease a three-bedroom apartment, ___7___ near the subway station.

ⓐ contract ⓑ renew ⓒ preferably
ⓓ expire ⓔ landlord ⓕ lease ⓖ studio

DAY
03

집수리
고쳐 가며 살아요!

아내는 맥가이버!

집에서 생기는 크고 작은 고장들을 고치며 살아가는 것은 누구나 겪는 일이겠지요? 집수리와 관련한 어휘를 학습해 보세요.

maintenance
[méintənəns]

ⓝ 유지, 보수

The article offers tips on cutting down your house **maintenance** costs.

그 기사는 당신 집의 유지 비용을 줄이는 방법을 알려 줍니다.

inspect
[inspékt]

ⓥ 점검하다, 검사하다

We hired someone to **inspect** our roof for leaks.

우리는 지붕의 누수를 점검할 누군가를 고용했어요.

plumber
[plʌ́mər]

ⓝ 배관공

The **plumber** came to mend the burst pipe.

배관공이 파열된 파이프를 고치기 위해 왔습니다.

> 🗨 친절한 보카샘
>
> 특정 분야의 전문 기술자를 다음과 같이 표현할 수 있습니다.
> - **gas engineer**: 가스 기술자(가스 기기와 관련한 설치 및 보수)
> - **electrician**: 전기 기술자(전기 시스템과 관련한 설치 및 보수)
> - **plasterer**: 미장공(집을 짓거나 고칠 때 흙이나 시멘트 등을 도포)

skilled
[skild]

ⓐⓓⓙ 숙련된, 전문적인

A **skilled** technician takes years to train.

숙련된 기술자를 훈련시키는 데에는 몇 년이 걸립니다.

> 🗨 친절한 보카샘
>
> 기술이 좋은 사람을 표현할 때 다음과 같은 말들을 사용할 수도 있습니다.
> - a **skillful** salesperson 숙련된 판매자
> - a **competent** mechanic 유능한 기계공
> - an **expert** driver 숙달된 운전자
>
> 특히 expert는 '전문가, 달인, 명인'의 의미이기 때문에 숙련도가 가장 높은 사람은 expert로 표현하면 됩니다.

exterior

[iksti(:)əriər]

adj 외부의

The **exterior** walls need a new coat of paint.

외벽에 페인트칠을 새로 해야 합니다.

n 외부, 바깥

Interior space is scarcely distinguishable from the **exterior**.

바깥에서는 내부 공간을 거의 분간할 수 없습니다.

친절한 보카샘

exterior의 반대말은 interior(내부의; 내부)입니다. 흔히 '인테리어'라고 말하지만 [인티:어리어]라고 발음합니다.

clogged

[klɑ:gd]

adj 막힌

The pipes are **clogged** with rubbish.

그 파이프는 쓰레기로 막혔어요.

친절한 보카샘

변기가 막혔을 때는 쉽게 blocked(막힌)를 사용해도 좋습니다.
 • The toilet is **blocked**. 변기가 막혔습니다.
막힌 것을 뚫는 것은 unclog, unblock이라고 합니다.
 • I used chopsticks to **unclog** the drain.
  나는 배수관을 뚫기 위해 젓가락을 사용했어요.

crack

[kræk]

n 금, 균열

I noticed a **crack** in the ceiling.

저는 천장에 금이 있는 것을 봤어요.

v 금 가다, 쪼개지다

Don't pour hot water into the glass, or it will **crack**.

유리에 뜨거운 물을 붓지 마세요. 그러면 그것에 금이 갈 것입니다.

overflow

[óuvərflòu]

v ~에서 넘쳐흐르다

The sink **overflowed** and the kitchen was swamped.

싱크대가 넘쳐서 부엌이 물바다가 됐어요.

친절한 보카샘

물에 잠기거나 넘치는 것을 표현할 때 flood(물에 잠기다, 범람하다)도 기억하세요!
 • The drains **flooded** and water overflowed down the main street.
  배수구가 범람하여 큰길을 따라 물이 넘쳐흘렀습니다.
 • Roads were **flooded** or blocked by landslips.
  산사태로 도로가 물에 잠기거나 차단되었습니다.

leak
[liːk]

ⓝ (액체·기체가) 새는 곳; 누출(되는 액체·기체)
There's a **leak** in the roof — the rain's coming in.
지붕에 새는 곳이 있어요. 비가 들어오고 있어요.

ⓥ 새다, 새어 나오다
The hose is **leaking**. 호스가 새고 있어요.

🗣 친절한 보카샘

누군가가 I need to take a leak.라고 하면 어떤 상황일까요? 우리 몸에서 새어 나올 수 있는 것??? 네! 맞습니다. take a leak는 '소변을 보다'라는 의미입니다.
• A: We have to hurry! 우리는 서둘러야 해!
  B: I know, but **I need to take a leak**! 알아, 하지만 나는 소변을 봐야 해!

---

renovate
[rénəvèit]

ⓥ 개조하다, 보수하다
It will take over a year to **renovate** the historic hotel.
그 역사적인 호텔을 개조하는 데에는 일 년 넘게 걸릴 것입니다.

---

toilet
[tɔ́ilit]

ⓝ 변기, 화장실
Have you flushed the **toilet**? 변기 물 내렸나요?

🗣 친절한 보카샘

toilet, bathroom, restroom의 차이를 알아볼까요?
▪ toilet: 변기, 영국에서는 화장실을 의미하기도 합니다.
▪ bathroom: 욕조(bath), 세면대, 변기 등이 갖추어져 있는 가정집 화장실을 주로 의미하지만, 욕조가 없어도 가정집 화장실이면 bathroom이라고 부를 수 있습니다. 공중화장실을 가리킬 때도 사용할 수 있습니다.
▪ restroom(=ladies' room, men's room, washroom): (식당 등의) 공중화장실
▪ 다른 사람의 가정집에서 화장실을 쓰고 싶을 때
  May I use your **bathroom**? 화장실 좀 사용해도 될까요?
▪ 바깥에서 화장실을 찾을 때
  Where is the **restroom**? 화장실이 어디예요?

---

mold
[mould]

ⓝ 곰팡이
How do you remove **mold** stains from the wall?
당신은 어떻게 벽의 곰팡이 자국을 지우나요?

stuck
[stʌk]

adj 꽉 낀, (걸리거나 끼어서) 움직일 수 없는, 꼼짝 못 하는

Be careful when you remove a **stuck** light bulb.
꽉 낀 전구를 제거할 때 주의하세요.

친절한 보카샘

전구, 문, 창문, 열쇠 등에 stuck을 사용할 수 있습니다. 단순히 움직이지 않는 것이
아니라 어딘가에 걸리거나 끼어서 움직이지 않는 상황을 말합니다.

· Can you free this door[window]? It is **stuck**.
문[창문] 좀 움직여 줄 수 있나요? 그것이 꽉 껴서 움직이지 않아요.

· The key has **stuck** in the lock. 열쇠가 자물쇠에 끼어 버렸어요.

사람도 stuck의 대상이 될 수 있습니다. 주로 한 사람이 불쾌한 상황에 갇혀 버렸을
때를 말합니다.

· I got **stuck** in a traffic jam for half an hour.
30분 동안 교통 체증에 갇혀 있었어요.

unscrew
[ʌnskrúː]

v 돌려서 빼다

You'll have to **unscrew** the handle to paint the door.
문에 페인트칠을 하기 위해 손잡이를 돌려서 빼야 합니다.

친절한 보카샘

unscrew할 수 있는 것에는 손잡이, 전구, 너트, 뚜껑 등이 있습니다.

· **Unscrew** a light bulb counter-clockwise and install a new one.
전구를 시계 반대 방향으로 돌려 빼고 새것으로 설치하세요.

· I can't **unscrew** the top of this jar – it's really tight.
이 병의 뚜껑을 열 수가 없어요. 그것은 너무 꽉 닫혀 있어요.

· **Unscrew** the nut and let it slide down the pipe.
너트를 풀어서 파이프 아래로 미끄러져 내려오도록 하세요.

오늘의 심화 어휘: 집안의 시설 및 공구

toolbox 공구함	**faucet** 수도꼭지	**outlet[socket]** 전기 콘센트	**ladder** 사다리
window[door] screen 방충망	**pliers** 펜치	**tape measure** 줄자	**plunger** 배관 청소 용구

Daily Review

A 우리말 뜻에 알맞은 단어를 연결해 보세요.

1 유지, 보수 •   • ⓐ crack

2 점검하다 •   • ⓑ maintenance

3 외부의 •   • ⓒ mold

4 금; 금 가다 •   • ⓓ renovate

5 개조하다 •   • ⓔ unscrew

6 곰팡이 •   • ⓕ inspect

7 돌려서 빼다 •   • ⓖ exterior

8 꽉 낀, 움직일 수 없는 •   • ⓗ stuck

B 대화의 빈칸에 들어갈 알맞은 표현을 찾아보세요.

A: The toilet is _____**1**_____ again! Honey, can you come and _____**2**_____ it?

B: You should solve the problem you caused! Why do I have to fix it?

A: You fixed the _____**3**_____ faucet last time. You are as much skilled as a professional _____**4**_____.

B: Even with how _____**5**_____ I am, it's hard for me to unclog the toilet you used.

A: Oh, my! The toilet is about to _____**6**_____! Please come right now!

ⓐ overflow	ⓑ leaking	ⓒ clogged
ⓓ plumber	ⓔ skilled	ⓕ unclog

DAY 04

집안일
끝이 없는 집안일

당신은 뭐 할 건데?!

해도 해도 끝이 없는 것이 집안일이라고 하지요. 가끔 하는 대청소부터 매일 해야 하는 설거지까지. 크고 작은 집안일에 관하여 대화할 때 사용할 수 있는 어휘를 배워 봅시다.

여보, 오늘이 당신 휴가니 오랜만에 밀린 household chores 같이 해요.

좋아요. 무슨 일부터 하면 되죠?

일단 집안 모든 곳을 dust하고 vacuum해 줘요. 그런 뒤에는 mop the floor 해 주고요.

아 당신이 세탁소에 가서 laundry도 찾아와야 해요. 다녀와서 싱크대에 pile up되어 있는 설거지도 해 주고요.

흠…. 우리가 집안일을 regularly하게 했어야 했네요.

당신이 열심히 하면 금방 끝낼 수 있어요.

그런데 왜 나만 일해야 하죠? 일을 equally하게 해야지요!

household chores

phr 집안일(=housework)

The difficult **household chores** made her hands rough.

힘든 집안일이 그녀의 손을 거칠게 만들었어요.

tidy
[táidi]

adj 깔끔한(=neat)

Everything in the house was neat and **tidy**.

집 안의 모든 것들이 깔끔했어요.

v 정리하다

Tidy away your toys when you finish playing.

다 놀고 나면 장난감을 치우도록 해.

친절한 보카쌤

동사 tidy는 up이나 away와 함께 다음과 같이 주로 사용합니다.
- tidy[clean] up+공간, 물건: ～을 정리하다
- tidy[put] away+물건: ～을 치우다

The teacher told us to **tidy up** the classroom immediately.
선생님은 우리에게 즉시 교실을 정리하라고 말씀하셨습니다.
Can you **tidy away** your clothes, please? 당신의 옷을 좀 치워 줄래요?

dust
[dʌst]

n 먼지

There was a layer of **dust** on the table.

탁자 위에는 먼지가 쌓여 있었어요.

v 먼지를 떨다

Please **dust** the shelves. 선반에 먼지를 떨어 주세요.

air out

phr 환기시키다

Don't forget to **air out** the bathroom after you clean it.

화장실을 청소한 뒤에 환기시키는 것을 잊지 마세요.

친절한 보카쌤

ventilate도 '환기하다'의 의미입니다. 한편, 답답한 공기는 stuffy(통풍이 나쁜, 숨막힐 듯한)라고 표현합니다.
- It's really hot and **stuffy** in here. 이곳은 너무 덥고 공기가 답답해요.

vacuum

[vǽkjuəm]

ⓥ 진공청소기로 청소하다

ⓝ 진공; 진공청소기(=vacuum cleaner)

On Saturdays, we dust and **vacuum**.

토요일마다 우리는 먼지를 떨고 진공청소기를 밀어요.

> 🔖 **친절한 보카샘**
>
> 영국에서는 vacuum 대신 hoover를 사용하기도 합니다. 가전제품 브랜드 이름에서 유래하였습니다.
> • I need to **hoover** the carpet. 나는 카펫을 진공청소기로 청소해야 해.

wipe

[waip]

ⓥ 닦다, 닦아 없애다

Wipe your feet on the mat before you come inside.

안으로 들어오기 전에 매트에 발을 닦도록 하세요.

> 🔖 **친절한 보카샘**
>
> 더러운 것을 없애려고 닦고 씻어낼 때 어떤 단어를 사용할까요?
> ▪ wipe(닦다): 천 같은 것으로 이물질을 닦아내는 경우
> I **wiped** my mouth quickly with a napkin.
> 나는 냅킨으로 입을 재빠르게 닦아냈어요.
> ▪ wash(씻다): 접시나 자동차처럼 물과 비누를 사용해 씻는 경우
> Don't just rinse the bottles. **Wash** them out carefully.
> 그 병들을 헹구지만 말고 꼼꼼하게 씻도록 해요.
> ▪ scrub(문지르다, 닦다): 솔 등을 이용해 세게 문질러 닦는 경우
> Jake saw Jane **scrubbing** the paint off of her face.
> Jake는 Jane이 자신의 얼굴에서 페인트를 닦아내고 있는 것을 봤어요.

pile up

phr 쌓이다, (양이) 많아지다

Look at the dirty dishes **piling up** in the sink.

싱크대에 쌓여 있는 더러운 접시들 좀 보세요.

drying rack

phr 건조대

This space-efficient **drying rack** provides plenty of room to hang clothes.

이 공간 효율적인 건조대는 옷을 걸 수 있는 충분한 공간을 제공합니다.

laundry
[lɔ́:ndri]

ⓝ 세탁; 세탁물; 세탁해 놓은 것들(=washing)
She did the **laundry** and hung it out to dry.
그녀는 빨래하고 세탁물이 마르도록 널어놨습니다.

ⓝ 세탁소
Please send the clothes to the **laundry**. 옷들을 세탁소로 보내 줘요.

친절한 보카샘

우리가 세탁소에서 흔히 하는 다음의 말들을 영어로 어떻게 표현하면 좋을까요?

드라이클리닝 부탁드립니다.	This needs dry cleaning.
이 얼룩을 없애 주실 수 있나요?	Can you get the stain out?
세탁물을 언제 찾을 수 있을까요?	When can I pick it up?
이 옷을 다려 주세요.	I'd like to have this pressed.

take[put] out

ⓟʰʳ (쓰레기 등을) 밖에 내놓다
It's your turn to **take out** the garbage.
당신이 쓰레기를 밖에 내놓을 차례입니다.

recyclable
[rì:sáikləbl]

ⓐⱼ 재활용 가능한
Some plastic and glass bottles are **recyclable**.
몇몇의 플라스틱병과 유리병들은 재활용 가능합니다.

ⓝ 재활용 가능한 것
The city is asking residents to carefully sort **recyclables**.
그 도시는 거주자들에게 재활용품을 잘 분류하도록 요청합니다.

regularly
[régjələrli]

ⓐᵈᵛ 정기적으로
Regularly check to see if the fridge and freezer doors are closed.
냉장고와 냉동고의 밀폐 여부를 정기적으로 확인하세요.

grocery
[gróusəri]

ⓝ 식료품

The cashier checked out the **groceries**.

그 계산원은 식료품을 계산했습니다.

🔊 친절한 보카쌤

장보러 가는 것도 중요한 집안일 중 하나죠? '장보러 가다'는 go grocery shopping 이라고 합니다. 내가 찾는 그 물건은 어느 구역(section)에 있을까요?

produce(농산물)	fruit, vegetable
deli(조리된 육류나 치즈)	cheese, sliced meat, sausage
bakery(빵)	bread, muffin, cake
dairy(유제품)	milk, yogurt, butter, cheese
frozen food(냉동식품)	frozen pizza, frozen vegetable, ice cream
canned food(통조림)	canned tuna, canned bean
personal products(위생용품)	shampoo, shower gel

equally
[íːkwəli]

ⓐⓓⓥ 동등하게

Teenagers should share the housework **equally** with their parents.

십 대들도 자신의 부모와 동등하게 집안일을 나누어 해야 합니다.

오늘의 심화 어휘: 여러 가지 집안일

sweep the floor
바닥을 쓸다

mop the floor
바닥을 대걸레질하다

do the dishes
설거지하다

fold clothes
빨래를 개다

mow the lawn
잔디를 깎다

water the plants
식물에 물을 주다

Daily **Review**

A 우리말 뜻에 알맞은 단어를 연결해 보세요.

1 환기시키다   •   • ⓐ wipe

2 재활용 가능한 (것)   •   • ⓑ tidy

3 깔끔한   •   • ⓒ recyclable

4 닦다   •   • ⓓ air out

5 건조대   •   • ⓔ grocery

6 (쓰레기 등을) 밖에 내놓다 •   • ⓕ drying rack

7 식료품   •   • ⓖ take out

B 대화의 빈칸에 들어갈 알맞은 표현을 찾아보세요.

A: Honey, since you are off work today, let's do the ___**1**___ together.

B: Good. What should I do first?

A: First of all, ___**2**___ and vacuum everywhere, and ___**3**___ the floor.

- -

A: Oh! You should also pick up the ___**4**___ . After that, please do the dishes ___**5**___ in the sink, too.

B: Hmm.... We should have been doing the household chores ___**6**___ .

A: All the work can be done soon if you hurry.

B: Why do I have to do everything by myself? We should split the chores ___**7**___ !

> ⓐ piling up   ⓑ equally   ⓒ laundry   ⓓ mop
> ⓔ household chores   ⓕ dust   ⓖ regularly

DAY 05

식생활
오늘은 내가 요리사

차라리 굶을래요:(

꼭 해야 하는 일이면서도 즐겁기까지 한 일. 무엇일까요? 바로 먹는 것이죠. 식생활은 우리 삶을 이루는 가장 기본적인 요소이면서도 삶을 풍성하게 해 줍니다. 식생활과 관련된 다양한 어휘를 학습해 봅시다.

meal
[miːl]

ⓝ 식사

Lunch is his main **meal** of the day.

점심은 그에게 하루의 주된 식사입니다.

🔖 친절한 보카샘

여러 가지 동사와 meal을 함께 사용하여 식사와 관련한 다양한 표현을 할 수 있습니다.

식사를 요리하다	prepare, cook, make		
식사를 대접하다	serve	+	a meal
식사를 거르다	skip		

home-cooked
[houmkukt]

ⓐⓓⓙ 가정에서 요리한

After a week on the road, he couldn't wait to have a **home-cooked** meal.

일주일 동안의 바깥 생활 후에, 그는 집밥이 너무나 먹고 싶어졌습니다.

bite
[bait]

ⓝ 소량의 음식; 한 입

Let's grab a **bite** to eat before we go.

가기 전에 간단히 뭐 좀 먹자.

🔖 친절한 보카샘

제대로 한 끼를 먹을 수 없을 때는 간단히라도 먹어야겠지요? 간단히 먹는 것을 표현할 때 동사 catch(잡다)나 grab(움켜잡다)를 사용하여 catch a bite 혹은 grab a bite라고 합니다. 샌드위치, 피자, 햄버거 등 간단히 들고 먹을 수 있는 음식을 먹을 때 주로 사용합니다. 제대로 된 식사를 할 수 없어 '~로 때우다'를 말할 때에는 make do with ~로 표현합니다.

· I usually **make do with** yogurt in the morning.
나는 주로 아침을 요거트로 때웁니다.

full
[ful]

ⓐⓓⓙ 배부른

No more for me, thanks — I'm **full**.

고맙지만 전 그만 됐습니다. 배불러요.

🔖 친절한 보카샘

배부를 때 I'm full. 이외에도 좀 더 편한 자리에서는 동사 stuff(채워 넣다)를 사용하여 I'm stuffed.라고 할 수도 있습니다. I have a food baby.라는 표현도 참 귀엽지요?

starve
[stɑːrv]

ⓥ 배고프다, 굶주리다

Let's get something to eat; I'm **starving**.

뭐 좀 먹읍시다. 난 너무 배가 고파요.

🔈 친절한 보카샘

배가 고픈 정도에 따라 다음과 같이 말할 수 있습니다.

약간 배가 고플 때	I'm feeling peckish. → peck (쪼아 먹다, 주워 먹다)
출출하고 입이 심심할 때	I've got the munchies. → munchies (간단한 안주류)
너무 배가 고플 때	I'm starving. → starve (굶주리다)
	I'm famished. → famish (굶주리게 하다)

배가 고파서 신경이 예민해지고 약간 화가 난 상태일 때 hungry(배고픈)와 angry(화가 난)를 합쳐서 hangry(배고파서 화나는)라고도 말할 수 있답니다.

leftovers
[léftòuvərz]

ⓝ (식사 후) 남은 음식

Everyone was hungry, so there were no **leftovers**.

모두 배가 고팠기 때문에 남은 음식이 없었습니다.

picky
[píki]

ⓐⓓⓙ 까다로운(=particular)

He is always very **picky** about food.

그는 항상 음식에 대해서 매우 까다로워요.

🔈 친절한 보카샘

어린아이 중에, 혹은 어른이 되어서도 편식하는 사람들이 있지요? 이런 사람들을 picky eater(편식가)라고 할 수 있습니다. picky eater 외에도 먹는 습성에 따라 사람을 지칭하는 말에는 다음과 같은 것들이 있습니다.

- 미식가: foodie, gourmet
- 대식가: gourmand

미식가들은 고급 음식을 먹겠지요? 그래서 '고급 음식'을 가리켜 gourmet food라고도 합니다.

portion
[pɔ́ːrʃən]

ⓝ 몫; (음식의) 1인분

She only eats a small **portion** of food.

그녀는 적은 양만 먹습니다.

ⓥ 나누다, 분배하다

We have to **portion** out the stew if we're going to feed all these guests. 이 모든 손님을 다 먹이려면 스튜를 나눠야만 합니다.

bland
[blænd]

adj 특별한 맛이 안 나는, (맛이) 자극적이지 않은

The wine tastes as **bland** as water.

그 와인은 물만큼이나 아무 맛도 안 납니다.

친절한 보카샘

여러 가지 맛을 영어로 어떻게 표현할까요?

짠맛의	**salty** potato chips	쓴맛의	**bitter** pills
단맛의	**sweet** candy	매운맛의	**spicy** pepper
신맛의	**sour** lemon	풍미 있는	**savory** stew

balanced
[bǽlənst]

adj 균형 잡힌

Experts agree that a **balanced** diet is a key to great health.

전문가들은 균형 잡힌 식단이 좋은 건강의 핵심이라는 것에 동의합니다.

ingredient
[ingríːdiənt]

n 재료, 성분

Get all the **ingredients** together before you start cooking.

요리를 시작하기 전에 모든 재료를 갖추세요.

chop
[tʃɑp]

v 자르다

Chop the celery and add it to the salad.

샐러리를 잘라서 샐러드에 넣으세요.

친절한 보카샘

요리 재료를 어떤 크기와 모양으로 자르느냐에 따라 다르게 표현합니다.

- chop: 큼직하게 툭툭 자르기. 모양 일관성 ×
- dice: 콩 정도 크기로 깍둑썰기. 대체로 네모나고 비슷한 모양으로
- mince: 최대한 잘게 다지거나 저미기. 모양 일관성 ×

chop

dice

mince

batter
[bǽtər]

ⓝ 반죽

The **batter** rises as it bakes. 반죽이 구워지면서 부풀이 올랐습니다.

친절한 보카샘

〈dough vs. batter vs. paste〉

반죽의 점도에 따라 다르게 표현합니다.

- dough: 모양을 만들 수 있는 정도의 물기 적은 반죽. 빵, 쿠키, 피자의 반죽
- batter: dough보다 묽어 숟가락으로 떠야 하는 반죽. 주로 계란, 우유 등이 첨가된 팬케이크, 튀김용 반죽
- paste: 펴 바를 수 있는 땅콩버터나 고추장과 같은 점도의 반죽. 혹은 dough와 비슷한 점도이지만 식용유가 많이 함유된 파이나 패스트리의 반죽

 dough
 batter
 paste

---

nutritious
[njuːtríʃəs]

ⓐⓓⓙ 영양가가 높은

Wholewheat bread is more **nutritious** than white bread.

통밀빵은 흰 밀가루로 만든 빵보다 영양가가 더 높습니다.

오늘의 심화 어휘: 요리법

fry 굽다, 부치다, 튀기다	**stir-fry** 볶다	**blend** 섞다	**broil** (뜨거운 열로) 굽다
grill (센 불에 바로) 굽다	**grate** 강판에 갈다	**simmer** (부글부글 계속) 끓이다	**boil** 삶다, 데치다

Daily Review

A 우리말 뜻에 알맞은 단어를 연결해 보세요.

1 못   •   • ⓐ meal

2 반죽   •   • ⓑ batter

3 재료, 성분   •   • ⓒ leftovers

4 (식사 후) 남은 음식 •   • ⓓ ingredient

5 자르다   •   • ⓔ full

6 가정에서 요리한 •   • ⓕ chop

7 배부른   •   • ⓖ home-cooked

8 식사   •   • ⓗ portion

B 대화의 빈칸에 들어갈 알맞은 표현을 찾아보세요.

A: Are you eating a hamburger again?

B: I'm just grabbing a   **1**   because I'm so starving.

A: You should eat a   **2**   diet. I will cook for you right away. What do you want to eat?

B: I'll just finish this. I am not   **3**   about food, but I don't want to eat something that is not to my taste.

A: Eating   **4**   foods is much more important than taste!

B: I'm sorry, but I would rather   **5**   than eat your   **6**   food.

ⓐ bland   ⓑ bite   ⓒ nutritious   ⓓ starve   ⓔ balanced   ⓕ picky

Answer A. 1ⓕ 2ⓑ 3ⓓ 4ⓒ 5ⓕ 6ⓖ 7ⓔ 8ⓐ
B. 1ⓑ 2ⓔ [ⓒ] 3ⓕ 4ⓒ[ⓔ] 5ⓓ 6ⓐ

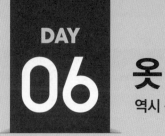

DAY 06
옷
역시 옷이 날개야!

나도 좋은 옷 좀 입어 보자!

몸을 보호해 주는 기능을 가질 뿐 아니라 개성을 드러내 주는 심미적인 역할까지도 하는 의복에 관한 어휘를 학습해 봅시다.

put on

phr 입다, 쓰다, 신다; 바르다

He turned off the television, **put on** his coat and walked out. 그는 텔레비전을 끄고, 코트를 입은 뒤 걸어 나갔습니다.

She combed her hair and **put on** some lipstick.
그녀는 머리를 빗고 립스틱을 발랐습니다.

> **친절한 보카쌤**
> '입다'라는 말에는 put on 외에 wear도 있지만 두 표현에는 의미 차이가 있습니다.
> ■ put on: 입는 행동　　　　■ wear: 입은 상태
> · Hurry up and **put on** your clothes! 서둘러서 옷을 입도록 해!
> · I walked along the beach while **wearing** a hat.
> 　나는 해변에서 모자를 쓴 채 걸었어요.

take off

phr 벗다

Take off your clothes; they're very wet.
옷을 벗도록 하세요. 그것들은 매우 젖었어요.

> **친절한 보카쌤**
> take off는 '이륙하다; 갑자기 인기를 얻다'라는 의미도 있습니다. 기본적으로 '뜨다'
> 라는 의미를 가진다고 생각하면 기억하기 쉽습니다.
> · The plane will **take off** in twenty minutes.
> 　비행기는 20분 후에 이륙할[뜰] 것입니다.
> · The song has really **taken off**. 그 노래는 갑자기 인기를 누리고 있다[떴다].

dress up

phr 차려 입다

You don't need to **dress up** just to go to a pub; jeans and a T-shirt will do.
술집에 가기 위해 차려 입을 필요 없어요. 청바지와 티셔츠면 돼요.

> **친절한 보카쌤**
> 편한 일상복을 입는 것은 dress down이라고 할 수 있습니다. dress up할 때에는
> formal clothes를, dress down할 때에는 casual clothes를 입는 것이겠지요.

iron

[áiərn]

v 다림질하다

You should damp clothes before **ironing** them.
옷을 다림질하기 전에 그것들을 축축하게 해야 합니다.

tight
[tait]

adj 꽉 끼는

These trousers are a bit **tight** around my waist.

이 바지는 내 허리에 좀 꽉 낍니다.

친절한 보카샘

tight의 반대말인 '헐렁한'을 표현하는 말로는 loose, baggy, oversized 등이 있습니다.

staple
[stéipl]

adj 주된, 주요한

Jeans are a **staple** part of everyone's wardrobe.

청바지는 모두의 옷장에서 주된 부분입니다.

친절한 보카샘

'주식(主食)'은 영어로 staple food라고 합니다.
- Rice is the **staple** food in many Asian countries.
  쌀은 많은 아시아 국가들에서 주식(主食)입니다.

sew
[sou]

ⓥ 바느질하다(=stitch)

She used a needle to **sew** the button onto the shirt.

그녀는 단추를 셔츠에 바느질하여 달기 위해 바늘을 사용했습니다.

친절한 보카샘

철자와 발음이 비슷한 sew / saw / sow를 구별해 봅시다.

	의미	발음
sew	바느질하다	[쏘우]
saw	보다(see)의 과거형; 톱질하다	[써]
sow	씨를 뿌리다	[쏘우]

mend
[mend]

ⓥ 수선하다, 고치다

Can you **mend** the hole in my shirt?

제 셔츠에 구멍을 수선해 주실 수 있나요?

친절한 보카샘

'옷 수선'과 관련한 다음의 말들을 영어로 어떻게 표현하면 좋을까요?

우리는 수선을 합니다.	We do alterations.
바짓단을 줄일[늘릴] 수 있을까요?	Could you hem[let out] these pants?
지퍼가 망가졌어요.	The zipper is broken.
단추가 떨어졌어요.	This button came off.

wardrobe
[wɔ́:rdroub]

ⓝ 옷장

Can you hang these in the **wardrobe**, please?
이것들을 옷장에 걸어 주시겠어요?

ⓝ (갖고 있는) 의류

I want to buy a whole new summer **wardrobe**.
내 여름 의류를 새로 다 사고 싶어요.

> **친절한 보카샘**
>
> '옷장'을 영어로 할 때 떠오르는 단어 두 가지 wardrobe와 closet에는 어떤 차이가 있을까요?
> ▪ wardrobe: 옷을 넣는 가구, 이동 가능한 옷장
> ▪ closet: 옷을 걸어두거나 보관하기 위한, 문이 달린 집안의 일부 작은 공간
> 그리고 '드레스룸'은 a walk-in closet(걸어 들어갈 수 있는 옷장)이라고 하면 됩니다.

neatly
[ní:tli]

adv 깨끗이, 말쑥하게

His clothes are all **neatly** folded in the drawers.
그의 옷들은 모두 서랍 안에 말끔하게 개어져 있습니다.

> **친절한 보카샘**
>
> 한 사람이 단정하고 말끔하게 옷을 입고 있으면 look neat, look nice, look presentable 등의 말로 칭찬할 수 있습니다.
> ▪ It doesn't matter what you wear, as long as you **look neat and tidy**.
> 당신이 단정하고 말끔해 보인다면 무엇을 입든지 상관없습니다.

comfortable
[kʌ́mfərtəbl]

adj 편안한

Her preference is for **comfortable** clothes rather than stylish ones. 그녀는 유행을 따른 옷보다는 편안한 옷을 더 좋아합니다.

> **친절한 보카샘**
>
> 우리말로 '편한'에 해당하는 영어 단어에는 comfortable과 convenient가 있습니다. 하지만 두 단어에는 다음과 같은 차이가 있습니다.
> ▪ comfortable: 편안한(육체적, 물리적으로 편안한 느낌이 드는 것)
> The bed is **comfortable**. 그 침대는 편안합니다.
> ▪ convenient: 편리한(어떤 일을 더 쉽게 만들어 주는 것)
> This device is really **convenient** to use.
> 이 장비는 사용하기에 편리합니다.

worn-out
[wɔ́ːrnáut]

adj 닳아서 해진, 써서 낡은

All the **worn-out** clothes have been neatly patched up.

그 낡은 옷들은 모두 말끔하게 수선되었습니다.

lint
[lint]

n 보푸라기

He picked **lint** from his pants and rolled it into a ball.

그는 바지에서 보푸라기를 떼어서 동글동글 말았습니다.

look good on

phr ~에게 잘 어울리다

Gold **looks good on** people with dark hair.

금색은 머리카락 색이 어두운 사람들에게 잘 어울립니다.

오늘의 심화 어휘: 다양한 패션 스타일

streetwear look
길거리 스타일

formal officewear look
정장 스타일

business casual look
정장과 평상복의 중간 스타일

preppy look
사립학교 교복 스타일

military look
군복 스타일

retro look
복고 스타일

Daily Review

Ⓐ 우리말 뜻에 알맞은 단어를 연결해 보세요.

1 주된 •   • ⓐ take off

2 편안한 •   • ⓑ comfortable

3 벗다 •   • ⓒ staple

4 바느질하다 •   • ⓓ sew

5 깨끗이, 말쑥하게 •   • ⓔ neatly

6 입다 •   • ⓕ look good on

7 ~에게 잘 어울리다 •   • ⓖ put on

Ⓑ 대화의 빈칸에 들어갈 알맞은 표현을 찾아보세요.

A: Oh, my god. The new dress I bought last month is too ___1___ . I can't fasten the zipper.

B: I told you to stop eating late-night snacks.

- -

B: Well, I think it'll be small for you even if it's ___2___ . You have no choice but to give it to me.

A: What are you talking about? I'll go on a diet to wear it. This is my favorite dress in my ___3___ .

B: Come on! I only have ___4___ clothes covered with ___5___ . I have nothing to ___6___ in.

A: But not this one!

| ⓐ mended | ⓑ tight | ⓒ wardrobe | ⓓ worn-out | ⓔ lint | ⓕ dress up |

Vocabulary Check
일상생활(집 안에서)

A 우리말 뜻에 해당하는 표현의 기호를 쓰세요.

1 _____ 늦잠 자다

2 _____ 만료되다

3 _____ 영양가가 높은

4 _____ 외부의

5 _____ 굶주리다

6 _____ 새는 곳

7 _____ 옷장

ⓐ expire

ⓑ starve

ⓒ exterior

ⓓ wardrobe

ⓔ oversleep

ⓕ leak

ⓖ nutritious

B 빈칸에 들어갈 알맞은 단어를 고르세요.

1 Let's _____ work early and go to the football game.
   ⓐ take off   ⓑ pile up   ⓒ knock off

2 He will have to take out a _____ in order to buy the house.
   ⓐ utility   ⓑ mortgage   ⓒ sublet

3 We decided to buy an old house and _____ it ourselves.
   ⓐ unscrew   ⓑ overflow   ⓒ renovate

4 She is _____ about what she eats because she is on a diet.
   ⓐ picky   ⓑ full   ⓒ comfortable

정답 A. 1 ⓔ 2 ⓐ 3 ⓖ 4 ⓒ 5 ⓑ 6 ⓕ 7 ⓓ   B. 1 ⓒ 2 ⓑ 3 ⓒ 4 ⓐ

C 알맞은 단어를 골라 문장을 완성하세요.

ⓐ skilled	ⓑ regularly	ⓒ landlord	ⓓ bland	ⓔ tight

1 That oatmeal is so _____ and tasteless.

2 The doctor told me to take vitamins _____.

3 Those jeans have got too _____, and I can't wear them any more.

4 The company is fortunate to have such highly-_____ workers.

5 The _____ was willing to accept us as tenants.

D 우리말 뜻에 맞게 문장을 완성하세요.

1 Don't forget to lock the door when you _____.
당신이 떠날 때 문을 잠그는 것을 잊지 마세요.

2 _____ apartments are usually ideal for a single renter in urban areas.
원룸 아파트는 도시에 혼자 사는 임차인에게 이상적입니다.

3 _____ _____ can be one of the toughest days of the week for most employees.
한 주의 중간 날[수요일]은 종업원 대부분에게 일주일 중 가장 힘든 날 중 하나일 수 있습니다.

4 I've got to _____ up that hole in your jeans.
내가 너의 청바지에 난 구멍을 바느질해 줘야겠다.

CHAPTER

2

일상생활
(집 밖에서)

CHAPTER 2
일상생활(집 밖에서)

DAY 08

외식
음식점에서 만나요

오랜만에 외식하자!

음식점에 예약하고, 들어가서 주문을 하고, 식사를 한 뒤에, 계산하고 나오기까지의 과정에서 자주 접하게 될 어휘를 시간적 순서대로 배워 봅시다.

eat out

ⓟʰʳ 외식하다, 음식점에서 먹다

What do you say we **eat out** this evening?

오늘 저녁에는 외식하는 게 어때요?

reservation

[rèzərvéiʃən]

ⓝ 예약

I can't believe you forgot to make a **reservation** for dinner.

네가 저녁 식사 예약하는 것을 잊었다니 믿을 수가 없다.

📕 **친절한 보카샘**

- make a **reservation** 예약하다
- **reserve** a seat[table] 자리[테이블]를 예약하다
- confirm a **reservation** 예약을 확정하다

serve

[sə:rv]

ⓥ (식당에서 음식을) 제공하다; (음식을) 내다, 시중을 들다; 주문을 받다

Breakfast is **served** at the restaurant on the first floor.

아침 식사는 1층에 있는 식당에서 제공됩니다.

Hello. I will be **serving** you today.

안녕하세요. 오늘은 제가 주문을 받겠습니다.

beverage

[bévəridʒ]

ⓝ (물 이외의) 음료

This extra **beverage** is on the house.

이 추가 음료는 서비스로 제공되는 것입니다.

📕 **친절한 보카샘**

식당에서 주문을 받을 때, 음식 주문 전에 음료 주문을 먼저 받는 경우가 많습니다. 음료를 마시는 동안 천천히 메뉴를 살펴보면서 어떤 음식을 주문할지 결정하라는 뜻이지요. Would you like to start with a drink? 또는 Would you like to have some drinks while you look at the menu?라고 종업원이 물어보면 당황하지 말고 Water is fine. Thank you.라든지 Yes, I'd like to have a soda.라고 대답하면 됩니다. 참! soda는 보통 탄산이 포함된 음료를 말해요.

recommend
[rèkəménd]

ⓥ 추천하다, 권장하다

This restaurant is highly **recommended** for its high-quality food.

이 음식점은 고품질의 음식으로 강력히 추천되는 곳입니다.

gourmet
[ɡúərmei]

ⓐⓓⓙ (미식가를 위한) 고급 음식을 제공하는; 미식가의

I want to be a **gourmet** chef in the future.

나는 미래에 고급 음식 요리사가 되고 싶어요.

ⓝ 미식가, 식도락가

A **gourmet** takes time in preparing food and usually eats food slowly.

미식가는 음식을 준비하는 데 시간을 들이며, 보통 음식을 천천히 먹습니다.

> **친절한 보카샘**
>
> - **gourmet** food 미식가를 위한 고급 음식, 미식가 요리
> - **gourmet** restaurant 고급 음식점

dressing
[drésiŋ]

ⓝ 드레싱, (샐러드 · 육류 · 생선 따위에 뿌리는 일종의) 소스

What kind of **dressing** do you want for your salad?

샐러드에 어떤 종류의 드레싱을 원하시나요?

> **친절한 보카샘**
>
> dressing은 식당 상황에서 '드레싱, 소스'의 의미로 사용되지만, 병원이나 약국 상황에서는 '상처의 처치' 또는 '상처 처치 용품(거즈, 연고, 탈지면 등)'을 일컫습니다. 상황에 따라 완전히 다른 의미가 될 수 있는 단어입니다.

appetizer
[ǽpitàizər]

ⓝ 전채, 애피타이저, 식욕을 돋우는 것

All the **appetizers** on the menu are below 10 dollars.

메뉴에 실린 모든 전채 요리는 10달러 미만입니다.

> **친절한 보카샘**
>
> 일반적인 풀코스 식사(full course meal)는 다음과 같이 구성됩니다.
>
> - 3코스: appetizer — main dish — dessert
> - 4코스: hors-d'oeuvre — appetizer — main dish — dessert
>
> hors-d'oeuvre는 식사 전에 식전주와 함께 먹을 수 있는 작은 요리로, 손으로 집어 먹을 수 있으며(핑거 푸드, finger food), appetizer와는 다르게 메인 요리와는 별도로 제공되는 음식입니다.

rare
[rɛər]

adj 살짝 익힌, 덜 익은, 설익은

I'd like my steak **rare**, please. 제 스테이크는 살짝 익혀 주세요.

> **친절한 보카샘**
>
> 스테이크를 주문할 때 종업원이 How would you like your steak?(스테이크는 어떻게 구워 드릴까요?)라고 물어본다면, 개인의 취향에 따라 고기의 굽기 정도를 요청할 수 있습니다.

blue rare　–　rare　–　medium rare – medium – medium well – well done

entrée
[á:ntrei]

n (식당에서 나오는) 주요 요리, 앙트레

What would you like for your **entrée**?

주요 요리로 무엇을 원하시나요?

> **친절한 보카샘**
>
> 코스 식사에 포함된 앙트레(entrée)는 나라에 따라 다르게 이해될 수 있습니다. 미국과 캐나다 일부에서는 구운 고기 요리, 스테이크 등과 같은 메인 요리를 가리키기 위해 흔히 쓰입니다. 하지만 유럽에서는 appetizer, starter 등과 같은 의미로 전채 요리를 가리키는 경우가 흔합니다. 유럽에서 배가 고파서 앙트레로 고기 요리를 시켰다가 메인 요리가 아닌 자그마한 분량의 전채 요리가 나오면 당황스럽겠죠?

side dish

phr (식당 등에서 주요 요리 외의) 추가 주문 (요리)

I'd like a hamburger with green salad as a **side dish**.

저는 햄버거와 함께 그린 샐러드를 추가 주문하고 싶습니다.

> **친절한 보카샘**
>
> side dish는 side order라고도 합니다.

to go

phr (음식을 식당에서 먹지 않고) 가지고 갈

Is that for here or **to go**?

(음식을) 여기서 드시나요 아니면 가지고 가시나요?

> **친절한 보카샘**
>
> takeout은 to go와 마찬가지로 음식점에서 밖으로 포장해 나가는 음식을 의미하기 위해 사용되는 표현인데, 주로 명사형으로 더 많이 사용되는 경향이 있습니다. 영국에서는 takeaway라는 표현을 더 많이 씁니다.
> • I want to have Chinese **takeout**. 나는 중국집 포장 음식을 먹고 싶어.
> • Let's go get a **takeout**. 포장 음식을 사 오자.

container

[kəntéinər]

ⓝ 용기, 그릇, 통

I'd like to take the leftovers in a takeout **container**.

남은 음식을 포장 음식 용기에 가져가고 싶습니다.

친절한 보카샘

남은 음식을 가져가는 것은 부끄러운 일이 아닙니다! 환경을 위해서도, 경제적 이유에 서도 좋은 일이지요. 식당에서 식사 후 종업원에게 남은 음식을 포장해 가고 싶다는 의사를 표시하면 음식을 담아갈 수 있는 용기(takeout container)를 주든지, 아니면 직접 포장을 해서 줄 것입니다. 더 쉬운 표현으로 box(용기)를 달라고 해도 됩니다.

• Can I get a **box** for my leftovers? 남은 음식을 위해 용기를 주실 수 있나요?

---

check

[tʃek]

ⓝ 계산서, 전표

Here is your **check**. Would you like to pay with cash or credit card?

여기 계산서입니다. 현금으로 계산하시겠어요, 아니면 신용카드로 하시겠어요?

ⓥ 확인하다, 조사[점검]하다

Can you please **check** if our food is on the way?

저희 음식이 준비되고 있는지 확인해 주시겠어요?

오늘의 심화 어휘: 계란 요리의 종류

sunny side up
프라이팬에서 가운데 노른자를 완전히 익히지 않고, 터트리지 않고, 뒤집어 익히지 않는 조리법

over easy
sunny side up이지만, 프라이팬에서 뒤집어 윗면을 살짝 익히는 조리법

over hard
sunny side up이지만, 노른자를 완전히 익히는 조리법

scrambled
노른자와 흰자가 잘 섞이도록 휘휘 저어 주면서 프라이팬에서 빠르게 익히는 조리법

poached
국자 등의 용기에 계란을 담아 뜨거운 물에 용기를 넣어 중탕하듯 계란을 익히는 조리법

boiled
완숙(hard-boiled) 또는 반숙 (soft-boiled)으로 계란을 삶아서 익히는 방식

Daily Review

Ⓐ 우리말 뜻에 알맞은 단어를 연결해 보세요.

1 계산서; 확인하다 •   • ⓐ rare

2 음료 •   • ⓑ dressing

3 전채 •   • ⓒ check

4 살짝 익힌, 덜 익은 •   • ⓓ beverage

5 드레싱, 소스 •   • ⓔ recommend

6 추천하다, 권장하다 •   • ⓕ appetizer

7 (식당에서 음식을) 제공하다 •   • ⓖ side dish

8 추가 주문 (요리) •   • ⓗ serve

Ⓑ 대화의 빈칸에 들어갈 알맞은 표현을 찾아보세요.

A: Mom, why don't we   ___1___   tonight?

B: Oh, really? But we didn't make a(n)   ___2___   at the restaurant.

A: We're not going to a(n)   ___3___   restaurant, so it's okay. I'm going to order two entrées today!

B: Why don't we just get foods   ___4___   and take them back home? Your brother could join us later.

A: I want to eat at the restaurant. I'm so hungry I can't stand it! But we can bring the leftovers in a takeout   ___5___ .

ⓐ to go	ⓑ reservation	ⓒ container	ⓓ gourmet	ⓔ eat out

DAY 09

쇼핑
오늘도 득템해 보자!

내 것만 사서 미안해…

물건을 구매할 때 사용할 수 있는 표현과 쇼핑센터에서 접할 수 있는 다양한 표현을 익혀 봅시다.

browse
[brauz]

ⓥ 둘러보다, 훑어보다

Are you looking for anything in particular, or are you just **browsing**?

특별히 어떤 것을 찾고 계신가요 아니면 그냥 둘러보시는 건가요?

친절한 보카샘

- **browse** the web (정보를 찾아) 인터넷을 검색하다
- **browse** through a book[magazine] 책[잡지]을 훑어보다
- **browse** around the shop 가게를 이리저리 둘러보다

price tag

phr 가격표

The jacket had a **price tag** of $150, which was out of my budget.

그 재킷에는 150달러라고 표시된 가격표가 붙어 있었는데, 그것은 내 예산을 벗어난 것이었어요.

discount
ⓝ [dískaunt]
ⓥ [diskáunt]

ⓝ 할인

You can get a **discount** if you buy more than two items.

두 개 넘게 구매하시면 할인을 받으실 수 있습니다.

ⓥ 할인하다, 할인해서 팔다

The airline **discounted** the domestic fares.

항공사는 국내선 요금을 할인하였습니다.

친절한 보카샘

- offer[give] a **discount** 할인해 주다
- at a **discount** 할인된 가격으로
- **discounted** price[fare] 할인된 가격[요금]

latest
[léitist]

adj 최신의, 최근의

What's the **latest** news on the school website?

학교 홈페이지에 올라온 최신 소식이 뭐가 있나요?

customer
[kʌ́stəmər]

ⓝ 고객, 손님

The quality of **customer** service at that store is outstanding.
그 상점의 고객 서비스의 질은 우수합니다.

친절한 보카샘

큰 상점이나 백화점에서 고객의 불만을 접수하고 민원을 해결해 주는 '고객 응대 사무실'을 Customer Service라고 합니다. 짧게 CS라고도 합니다.

available
[əvéiləbl]

ⓐⓓⓙ 구할 수 있는, 이용할 수 있는

I'm sorry. Those pants are only **available** in sizes 4 and 6.
죄송합니다. 그 바지는 사이즈 4와 6만 구할 수 있습니다.

친절한 보카샘

재미있는 표현 하나 배우고 갈까요? He[She] is not available.이라고 할 경우 사귀는 사람이 있거나 배우자가 있다는 의미입니다. 그 사람은 짝이 있는 사람이므로 '접근 불가능한' 사람이라는 뜻이지요.

out of stock

ⓟⓗⓡ 품절, 매진; 품절이 되어, 매진이 되어

All the pink towels are **out of stock**, but they'll come in tomorrow.
분홍색 수건은 모두 품절이지만, 내일이면 입고될 것입니다.

친절한 보카샘

stock은 명사로 '재고, 재고품[비축품]'이라는 의미입니다. out of stock(재고가 다 떨어진)과 반대의 의미를 가진 표현으로는 in stock(재고가 있는, 비축되어)가 있습니다. 주의할 점! 금융 관련 상황에서 stock이 등장하면 '주식 자본'을 의미할 수 있습니다.

fitting room

ⓟⓗⓡ 탈의실, 옷 입어 보는 곳

How many items can I take into the **fitting room**?
탈의실에 몇 개의 물품을 들고 들어갈 수 있나요?

친절한 보카샘

옷을 쇼핑할 때 실제로 착용해 보기 위해 탈의실로 옷을 들고 들어가게 되지요? 탈의실 앞에 있는 직원이 고객이 가지고 들어가는 물품의 개수를 확인한 뒤에 이용할 수 있는 탈의실의 번호를 지정해 줍니다. 직원의 확인 없이 탈의실이 비어 있다고 그냥 들어가지 않도록 유의하세요. 오해받을 수 있거든요.

salesperson

[séilzpə̀:rsən]

ⓝ 판매원, 외판원

It took a while before the **salesperson** finally paid his attention to me.

판매원이 마침내 나에게 관심을 갖기까지 시간이 좀 걸렸어.

bargain

[bá:rgin]

ⓝ (정상가보다) 싸게 사는 물건

The coat was a real **bargain**. I got it at half price.

그 코트는 정말 싸게 산 물건이었어. 나는 그것을 절반 가격에 샀거든.

ⓥ 흥정하다, 협상하다

Don't be afraid to **bargain** in small local markets.

작은 현지 시장에서 흥정하는 것을 두려워하지 마.

refund

ⓝ [rí:fʌnd] ⓥ [rifʌnd]

ⓝ 환불, 환불금

I took the tablet computer back to the store and got a full **refund**. 나는 태블릿 컴퓨터를 상점에 다시 들고 가서 전액 환불을 받았어요.

ⓥ 환불하다

When I went on a business trip to the U.S., the office **refunded** my expenses.

미국으로 출장을 갔을 때, 회사에서 나의 비용을 환불해 주었어요.

return policy

ⓟⓗⓡ 환불 정책, 반품 정책

According to your **return policy**, I can get a refund for this damaged item.

귀사의 환불 정책에 따르면, 저는 이 파손된 물품에 대해 환불을 받을 수 있습니다.

exchange
[ikstʃéindʒ]

ⓝ 교환, 맞바꿈

Unfortunately, we are unable to offer an **exchange** for an item you have ordered online.

안타깝게도, 저희는 고객님이 온라인에서 주문한 물품에 대해 교환을 해 드릴 수 없습니다.

ⓥ 교환하다, 환전하다

We can **exchange** Korean won to U.S. dollar at the airport.

우리는 공항에서 한국 돈을 미국 달러로 교환[환전]할 수 있어요.

complimentary
[kàmpləméntəri]

ⓐⓓⓙ 무료의, 우대하는

We have attached a coupon for a **complimentary** gift.

무료 선물을 받을 수 있는 쿠폰을 첨부하였습니다.

친절한 보카샘

호텔 객실이나 식당에서 complimentary라는 안내문이 붙어 있는 것은 무료로 제공되는 것이니, 공짜로 받을 수 있는 서비스를 놓치지 마세요!

■ **complimentary** water 무료로 제공되는 물

오늘의 심화 어휘: 쇼핑센터의 안내문

20% to 50% off	NO RETURNS OR REFUNDS	ALL SALES Final!
20%에서 50%까지 할인 판매	반품 및 환불 불가	최종 판매
상품 교환권, 상품권	매진	두 개를 사면 한 개를 무료로 제공

Daily Review

Ⓐ 우리말 뜻에 알맞은 단어를 연결해 보세요.

1 교환, 맞바꿈	•	• ⓐ refund
2 고객, 손님	•	• ⓑ customer
3 판매원, 외판원	•	• ⓒ browse
4 최신의, 최근의	•	• ⓓ exchange
5 무료의, 우대하는	•	• ⓔ salesperson
6 환불(금); 환불하다	•	• ⓕ latest
7 둘러보다, 훑어보다	•	• ⓖ complimentary
8 탈의실, 옷 입어 보는 곳	•	• ⓗ fitting room

Ⓑ 대화의 빈칸에 들어갈 알맞은 표현을 찾아보세요.

A: Honey, look at this new sweater I bought at the mall today. It was a real ___**1**___.

B: That's a nice sweater! How much of a(n) ___**2**___ did you get?

A: Check the ___**3**___ yourself.

B: Wow, this is a beautiful price. Can you get one for me, too?

A: I'm sorry. Men's sweaters were all ___**4**___.

B: Did you ask the salesperson when they will be ___**5**___?

A: Sorry, I didn't.

ⓐ bargain   ⓑ out of stock   ⓒ available   ⓓ discount   ⓔ price tag

병원과 약국

아플 땐 전문가와 상의하세요

어른도 주사는 무서워!

아플 때는 체력도 안 따라 주고, 마음도 심란해서 해야 할 말도 못할 때가 있습니다. 미리미리 대비하는 마음으로 주요 어휘를 익혀 봅시다.

여보, 나 목이 아픈데 점점 더 심해지는 것 같아.

symptom이 있으면 집에 오는 길에 병원에 들르지 그랬어?

만약 run a test하게 되면 시간이 오래 걸리니까 집에 빨리 못 오는 게 싫어서 그랬지. 당신 빨리 보고 싶어서~~ 하지만 약국에 들러서 over the counter로 약을 사왔어.

의사에게 제대로 diagnosis를 받는 게 낫지. 잠깐만…. 당신 injection 맞을까봐 무서워서 병원에 안 간 거 아냐!

들켰네….

symptom
[símptəm]

ⓝ 증상, 징후

Do you have any other **symptoms** besides a fever and vomiting? 발열과 구토 외에 다른 증상이 있으신가요?

친절한 보카쌤

병원에 가서 신체적인 증상을 언급할 때 symptom(증상)이라는 단어를 쓰지만, 일반적인 상황에서 '(불길한) 조짐, 기색'도 symptom이라고 표현할 수 있습니다.
· The increase in crime rates is a **symptom** of social instability.
범죄율의 증가는 사회적 불안정의 조짐입니다.

allergic
[ələ́:rdʒik]

ⓐⓓⓙ (~에 대해) 알레르기가 있는

My child is **allergic** to nuts. 제 아이는 땅콩 알레르기가 있습니다.

친절한 보카쌤

비격식적인 표현으로 be allergic to ~는 '알레르기가 생길 정도로 ~을 싫어하는'의 의미로 쓰일 수 있습니다.
· I can see that you **are allergic to** housework.
네가 알레르기가 생길 정도로 집안일을 싫어한다는 것을 알겠어.

examine
[igzǽmin]

ⓥ 진찰하다, 검사하다

I strongly think that you should be **examined** by a doctor.
나는 정말로 네가 의사에게 진찰을 받아야 한다고 생각해.

suffer from

ⓟⓗⓡ ~로 고통받다, 시달리다, 앓다

I **suffered from** a terrible toothache all night.
저는 밤새 심각한 치통으로 고통받았어요.

run a test

phr 검사를 진행하다

The doctors **ran some tests** to determine the cause of the pain. 의사들이 통증의 원인을 파악하기 위해 몇 가지 검사를 진행했습니다.

🗣 친절한 보카샘
- perform a test 검사를 시행하다
- test for + 병명 (병명)에 대한 검사
- test results 검사 결과
- blood test 혈액 검사

diagnosis
[dàiəgnóusis]

n 진단, 판단

Diagnosis of the disease is difficult in the initial stages.
초기 단계에서는 질병의 진단이 어려워요.

injection
[indʒékʃən]

n 주사

Diabetics need a daily **injection** of insulin.
당뇨 환자들은 매일 인슐린 주사가 필요합니다.

🗣 친절한 보카샘
의료 목적으로 주사를 놓을 때 사용하는 것이 바로 주사기(syringe)입니다. 주사기를 이용하여 놓는 주사를 shot 또는 jab이라고도 합니다.
- The baby didn't cry when the doctor gave him a **shot**.
  의사가 주사를 놓을 때 아기는 울지 않았어요.

prescription
[priskrípʃən]

n 처방전; 처방된 약

Antibiotics are only available on **prescription**.
항생제는 처방전을 통해서만 구할 수 있습니다.

🗣 친절한 보카샘
미국에서 처방전 앞에 Rx라고 표기되어 있는 것을 볼 수 있습니다. 라틴어 recipe에서 유래한 Rx는 'take(복용하다)'라는 의미입니다. Rx two aspirins.라고 하면 '아스피린 두 알을 복용하세요.'라는 의미겠지요. 오늘날에는 Rx가 동사가 아닌 명사로 쓰여, 의사의 처방전을 의미하게 되었습니다. 관련된 표현에는 다음과 같은 것들이 있습니다.
- fill a **prescription** 처방약을 조제하다
- have a **prescription** filled 처방된 약을 조제받다

pharmacist
[fɑ́ːrməsist]

ⓝ 약사

I'm studying to become a **pharmacist**.

나는 약사가 되기 위해 공부 중입니다.

drugstore
[drʌ́gstɔ̀ːr]

ⓝ 약국

Let's drop by the **drugstore** and get some bandages.

약국에 잠시 들러서 붕대를 좀 사자.

> ✎ **친절한 보카샘**
>
> 미국의 drugstore에서는 의약품뿐만 아니라 화장품, 생활용품, 심지어는 음료나 간식 같은 간단한 먹거리도 판매하고 있습니다. 영국에서는 '약국'을 drugstore라고 하기보다는 pharmacy 또는 pharmacist's라고 합니다.

drop
[drɑp]

ⓝ 물약

ⓥ 떨어뜨리다, 놓치다

Be careful not to **drop** the glass bottle.

유리병을 떨어뜨리지 않도록 조심해.

> ✎ **친절한 보카샘**
>
> 물약을 지칭할 때는 보통 -s를 붙여서 drops라고 표현합니다.
> ▪ eye **drops** 점안약
> 액체 또는 물약의 한 방울을 지칭할 때도 쓰입니다.
> ▪ a **drop** of rain 한 방울의 비
> 눈깔사탕처럼 작고 동그란 모양의 사탕이나 초콜릿을 drop이라고 표현하기도 합니다.
> ▪ chocolate **drops** 초콜릿 사탕 / mint **drops** 민트 사탕 / fruit **drops** 과일 사탕

over the counter

ⓟʰʳ (의사의) 처방전 없이 살 수 있는

These are drugs that can be purchased **over the counter**.

이것은 (의사의) 처방전 없이 살 수 있는 약입니다.

> ✎ **친절한 보카샘**
>
> 의약품은 크게 두 가지 부류로 나뉩니다. 한 가지는 의사의 처방이 필요한 약(prescription drug)이고, 다른 한 가지는 처방을 받지 않고도 약국에서 구매할 수 있는 약(over-the-counter drug, OTC)입니다.

medication
[mèdəkéiʃən]

ⓝ 약, 약물

Are you currently taking any **medication**?

당신은 현재 복용하고 있는 약이 있습니까?

친절한 보카샘

- take **medication** 약을 복용하다
- be on **medication** 약물 치료를 받다
- put someone on **medication** ~을 약물 치료하다

antibiotic
[æ̀ntibaiátik]

ⓝ 항생제, 항생 물질

I'm taking **antibiotics** for an ear infection.

나는 중이염으로 항생제를 복용 중입니다.

오늘의 심화 어휘: 여러 가지 신체 증상

fever 열	**rash** 발진	**pain** 통증	**diarrhea** 설사
cough 기침	**sprain** 염좌	**cut** 상처, 자상	**nausea** 메스꺼움

Daily Review

Ⓐ 우리말 뜻에 알맞은 단어를 연결해 보세요.

1 약사	•	• ⓐ	drop
2 물약; 떨어뜨리다	•	• ⓑ	examine
3 알레르기가 있는	•	• ⓒ	pharmacist
4 약, 약물	•	• ⓓ	prescription
5 진찰하다, 검사하다	•	• ⓔ	antibiotic
6 처방전; 처방된 약	•	• ⓕ	medication
7 항생제, 항생 물질	•	• ⓖ	allergic

Ⓑ 대화의 빈칸에 들어갈 알맞은 표현을 찾아보세요.

A: Honey, I have a pain in my throat, and I think it's getting worse.

B: If you have ___1___, why didn't you visit the doctor's office on your way home?

A: The doctors will ___2___ on me, and that would take forever. I wanted to come home to see you! But I dropped by the drugstore and got some pills ___3___.

B: It's better to get a proper ___4___ from a doctor. Wait a minute…. Don't tell me you didn't go to the hospital because you were afraid of getting a(n) ___5___.

ⓐ diagnosis   ⓑ over the counter   ⓒ injection
ⓓ run tests   ⓔ symptoms

은행
돈 관리는 부자의 기본

빚을 청산하던 날…

은행 업무를 보거나 금융 활동을 하면서 접하게 될 용어와 표현을 익혀 봅시다.

saving
[séiviŋ]

ⓝ 저금, 저축, 예금

Young people put all their **savings** into buying a house.

젊은이들은 저금한 돈을 모두 들여 집을 삽니다.

bank account

phr (은행) 계좌

I closed my **bank account** in the U.S. when I came back to Korea.

나는 한국에 돌아올 때 내 미국 은행 계좌를 닫았어.

balance
[bǽləns]

ⓝ (계좌의) 잔고, 잔액; (지불) 잔액

The account **balance** is the amount of money you have available in your bank account.

통장 잔액은 고객님의 은행 계좌에 보유하고 있는 이용 가능한 돈의 액수를 말합니다.

> **친절한 보카샘**
> 은행 상황에서 balance는 '잔고'를 뜻하지만, 일반적인 상황에서 balance는 '균형, 평형'을 의미합니다.

make a deposit

phr 예금하다

I'd like to **make a deposit** of $500 to my savings account.

제 저축 계좌에 500달러를 예금하고 싶습니다.

> **친절한 보카샘**
> deposit은 명사로 '(은행의) 예금'이라는 의미 외에도 '보증금, 착수금'이라는 의미도 있습니다. 동사로 쓰일 경우는 '(은행에) 예금하다' 또는 '보증금을 내다'라는 의미입니다.

withdraw
[wiðdrɔ́:]

ⓥ (계좌에서 돈을) 인출하다

You can **withdraw** cash from your account with this debit card.

이 지불카드를 이용하여 고객님의 계좌로부터 현금을 인출하실 수 있습니다.

wire
[waiər]

ⓥ (전자 시스템을 이용하여) 송금하다

I need to **wire** $200 to my husband's account.

저는 남편의 계좌로 200달러를 송금해야 합니다.

🎙 친절한 보카샘

wire는 '전선, (전화기 등의) 선'을 의미하는데, 전산망을 통해 온라인으로 돈을 이동시키는 것을 wire transfer라고 합니다.

decline
[dikláin]

ⓥ 거부하다, 거절하다

My debit card was **declined** even though there was money in the account.

계좌에 돈이 있는데도 제 직불카드가 거부되었습니다.

insufficient
[ìnsəfíʃənt]

adj 부족한, 불충분한

The check was bounced because of **insufficient** funds.

잔고 부족으로 수표가 부도가 났다.

🎙 친절한 보카샘

수표를 현금화할 때 해당 계좌의 잔고가 부족한 경우 payment rejection(지급 거절)이 되고, 그 수표는 bounced check(부도 수표)가 됩니다. 이럴 경우 미국에서는 은행으로부터 벌금 개념으로 수수료가 부과될 수 있으니 조심해야 합니다.

out of debt

phr 빚에서 벗어난, 빚을 다 갚은, 빚이 없는

How can I save enough money to get **out of debt**?

빚에서 벗어날 만큼 충분한 돈을 모으려면 어떻게 해야 할까요?

> **친절한 보카쌤**
>
> out of debt와 반대의 의미를 가진 표현으로는 in debt(빚을 진) 또는 get into debt(빚을 지다)가 있습니다.

fill out

phr ~을 작성하다, 채우다, 기입하다

To open a new account, you have to **fill out** this form.

계좌를 신설하기 위해서는 이 양식을 작성하셔야 합니다.

interest
[íntərəst]

n 이자, 이율

Our bank will offer you the highest **interest** rate on your savings.

저희 은행에서 고객님의 저축 금액에 대해 가장 높은 이자율을 제공하겠습니다.

installment
[instɔ́:lmənt]

n 분할 불입금, 할부금

I closed my **installment** savings account today.

저는 오늘 제 적금 계좌(분할 불입금을 넣는 저축 계좌)를 해약했습니다.

> **친절한 보카쌤**
>
> 여러 달에 걸쳐 할부로 결제할 경우, three monthly installments(3개월 할부), twelve monthly installments(12개월 할부) 등으로 표현할 수 있습니다. 목돈을 지출하게 될 때는 아무래도 interest-free installments(무이자 할부)가 유용합니다.

pay off

phr ~을 갚다, 청산하다

How would you like to **pay off** your credit card debt?

신용 카드 빚을 어떻게 갚기를 원하시나요?

financial

[fainǽnʃəl]

adj 재정의, 금융의

We have to admit that the country is having **financial** difficulties.

우리는 국가가 재정적 어려움을 겪고 있다는 사실을 인정해야 합니다.

오늘의 심화 어휘: 미국 은행 계좌의 종류

Checking Account	자유입출금 통장과 같은 개념으로 수시로 입출금이 가능하므로 지출 용도로 씁니다. 이자가 없거나, 매우 미미한 수준입니다.	**Money Market Deposit Account**	Savings account보다 더 높은 이자를 받을 수 있는 저축 계좌입니다. 하지만 더 엄격한 입출금 제약을 적용받고, 더 높은 최소 잔액 조건을 충족해야 합니다.
Savings Account	저축 계좌와 같은 개념으로 입출금 횟수에 제한이 있을 수 있으므로 지출이 아닌 저축 용도로 씁니다. 저축액에 대한 이자를 받을 수 있습니다.	**Certificate of Deposit**	일정 금액의 목돈을 정해진 기간 동안 묻어두고 찾지 않는 조건으로 기간에 따라 상대적으로 더 높은 이자를 받을 수 있는 계좌입니다.

Daily Review

A 우리말 뜻에 알맞은 단어를 연결해 보세요.

1 거부하다, 거절하다 ·   · ⓐ interest

2 분할 불입금, 할부금 ·   · ⓑ financial

3 이자, 이율 ·   · ⓒ fill out

4 부족한, 불충분한 ·   · ⓓ insufficient

5 재정의, 금융의 ·   · ⓔ decline

6 (돈을) 인출하다 ·   · ⓕ withdraw

7 ~을 작성하다, 채우다 ·   · ⓖ wire

8 송금하다 ·   · ⓗ installment

B 대화의 빈칸에 들어갈 알맞은 표현을 찾아보세요.

A: I checked the ___1___ today, and I'm quite pleased! Can you guess what the ___2___ is?

B: Come on! Just tell me! Do we have enough to ___3___ our debt?

A: Yes! As of today, we are officially ___4___!

B: That's great news! Now, let's discuss ___5___ for our future.

ⓐ balance   ⓑ savings   ⓒ bank account
ⓓ out of debt   ⓔ pay off

Answer A. 1 ⓔ 2 ⓗ 3 ⓐ 4 ⓓ 5 ⓑ 6 ⓕ 7 ⓒ 8 ⓖ
B. 1 ⓒ 2 ⓐ 3 ⓔ 4 ⓓ 5 ⓑ

DAY 12

교통
오늘도 길을 나서 볼까?

사무실에 출근하자마자…

다양한 교통수단을 이용하거나, 걸어서 이동하는 경우, 또는 여행을 떠날 때 접하게 될 표현을 익혀 봅시다.

안녕, Tony. 오늘 좀 출근이 늦었네? 도로가 congested였던 거야?

맞아. 교통 체증 때문에 held up되었어. 휴~ 이제야 사무실에 arrive했네.

나는 매일 아침 on foot로 commute해. 그럼 늦을 일이 전혀 없지!

아, 그냥 제발 네 자리로 return해 주라. 아무리 관심 없다고 signal을 보내도 계속 나한테 친한 척이네….

commute
[kəmjúːt]

ⓥ 통근[통학]하다, 정기적으로 왕복하다
My father **commutes** by train every day to New York.
나의 아버지는 매일 뉴욕으로 기차를 타고 통근하십니다.

fare
[fɛər]

ⓝ (교통) 요금
We agreed to split the taxi **fare**.
우리는 택시 요금을 나눠서 부담하기로 합의했습니다.

> **✎ 친절한 보카샘**
>
> fare과 fee를 비교해 볼까요?
> ▪ fare: 주로 버스, 선박, 택시, 열차 등의 교통수단을 이용할 때 지불하는 요금을 말하기 위해 씁니다.
> ▪ fee: 어떤 전문적인 서비스를 받을 때 내는 수수료의 개념으로 흔히 씁니다.
>
> | | |
> |---|---|
> | school **fee** 수업료 | lawyer's **fee** 변호사 수임료 |
> | counseling **fee** 상담료 | bank **fee** 은행 수수료 |

hit the road

ⓟʰʳ 길을 나서다, 여행길에 오르다
I'd love to stay longer, but I really must **hit the road**.
더 오래 머물 수 있으면 좋겠지만, 나는 이제 정말 길을 나서야 해.

be held up

ⓟʰʳ 정체되다, 지체되다
I was late for work today because I **was held up** in traffic.
나는 교통 정체로 오늘 회사에 지각했어.

> **✎ 친절한 보카샘**
>
> 이 표현과 관련된 hold-up이라는 표현은 명사형으로 '정체, 지체, 정지'라는 의미입니다.
> ▪ What's the **hold-up**? 왜 이렇게 정체되는 거야?

arrive
[əráiv]

ⓥ 도착하다, 도달하다

A bunch of people were waiting for the train, which **arrived** on time.

한 무리의 사람들이 열차를 기다리고 있었는데, 그 열차는 제시간에 도착했습니다.

on foot

phr 걸어서, 도보로

I prefer to explore the city **on foot**.

나는 걸어서 도시를 탐색하는 것을 선호해요.

🎺 친절한 보카샘

'걸어서'는 on foot지만, 교통수단을 이용하여 이동하는 것을 표현할 때에는 전치사 by를 씁니다. 예를 들어, by car(자동차를 타고), by train(열차를 타고), by plane(비행기를 타고) 등의 표현이 있습니다.

pedestrian
[pədéstriən]

ⓝ 보행자, 도보 여행자

A **pedestrian** was waiting for the traffic light to turn green.

한 보행자가 신호등이 녹색으로 바뀌기를 기다리고 있었어요.

🎺 친절한 보카샘

pedestrian이라는 단어가 형용사로 쓰일 경우 '(문체 따위가) 재미없는, 상상력이 없는, 진부한'이라는 의미의 완전히 다른 단어가 됩니다.

· The writing was so **pedestrian** that it didn't catch my attention.
  그 글은 너무 재미없어서 내 관심을 끌지 못했다.

congested
[kəndʒéstid]

adj 혼잡한, 붐비는

The road leading to the train station was heavily **congested**.

기차역으로 가는 도로가 심하게 혼잡했습니다.

🎺 친절한 보카샘

도로가 혼잡함을 말할 때 쓰는 아주 흔한 표현으로는 traffic jam(교통 체증)이 있습니다. 한번쯤은 들어본 표현이지요?

return

[ritə́:rn]

ⓥ 돌아가다, 돌아오다

When Daniel came back from his business trip, he immediately **returned** to his office.

Daniel이 출장에서 돌아왔을 때, 그는 즉시 사무실로 복귀했습니다.

◀️ 친절한 보카쌤

> 버스, 열차 등의 티켓과 관련해서, 미국 영어와 영국 영어의 표현에 차이가 있습니다.
> ▪ 왕복 티켓(목적지까지 갔다가 돌아오는 여정을 포함)
>   미국: round-trip ticket   영국: return ticket
> ▪ 편도 티켓(목적지까지 가기만 하고, 돌아오는 여정은 포함하지 않음)
>   미국: one-way ticket   영국: single ticket
> *주의: 미국에서 return ticket이라고 하면 돌아오기 위한 티켓을 말합니다.

drive-through

[dráivθrù:]

ⓝ 드라이브 스루(차에 탄 채로 이용할 수 있는 식당·은행 등)

I visited the **drive-through** and got myself a burger on my way to work. 나는 출근하는 길에 드라이브 스루에 들러서 버거를 샀습니다.

◀️ 친절한 보카쌤

> 표지판, 간판, 광고 등에서는 drive-thru라고 쓰기도 합니다.

journey

[dʒə́:rni]

ⓝ 여정, 이동, (장거리) 여행

Our friends wished us a safe **journey** as we drove away.

우리 친구들은 우리가 떠나는 길에 안전한 여정을 기원해 주었습니다.

get around

🔤 (여기저기) 돌아다니다

Using a car is the best way to **get around** the city.

자동차를 이용하는 것이 도시를 돌아다니기 위한 최선의 방법입니다.

◀️ 친절한 보카쌤

> get around는 문맥에 따라 다른 의미로도 사용됩니다.
> ▪ (문제를) 해결하다, 처리하다
>   I found a way to **get around** the problem.
>   나는 그 문제를 해결할 방법을 찾았어요.
> ▪ (뉴스, 소문 등이) 퍼지다, 번지다
>   Word **got around** that Sophia was having legal issues.
>   Sophia가 법적 문제에 휘말렸다는 소문이 퍼졌어요.

overpass
[óuvərpæs]

ⓝ 고가 도로; 육교

Bikers and joggers were coming and going under the **overpass**.

자전거를 타는 사람들과 조깅하는 사람들이 고가 도로 아래를 오가고 있었어요.

signal
[sígnəl]

ⓝ 신호

Paul, I think the police officer is giving us a **signal** to stop the car.

Paul, 내 생각에 경찰이 우리에게 차를 세우라고 신호를 보내는 것 같아.

ⓥ 신호로 알리다

When you drive, you should **signal** before you turn left or right.

운전할 때 좌회전이나 우회전을 하기 전에 신호로 알려야 해.

오늘의 심화 어휘: 교통 표지판

No left turn
좌회전 금지

Give way
양보

No overtaking
추월 금지

Road work
도로 공사 중

Crossroads ahead
전방에 교차로

Maximum speed
최대 제한 속도

Daily Review

A 우리말 뜻에 알맞은 단어를 연결해 보세요.

1 (교통) 요금 •　　　　　　　• ⓐ journey

2 여정, 이동 •　　　　　　　• ⓑ overpass

3 보행자, 도보 여행자 •　　　　• ⓒ hit the road

4 도착하다, 도달하다 •　　　　• ⓓ arrive

5 고가 도로; 육교 •　　　　　　• ⓔ fare

6 길을 나서다 •　　　　　　　• ⓕ pedestrian

7 (여기저기) 돌아다니다 •　　　　• ⓖ drive-through

8 드라이브 스루 •　　　　　　• ⓗ get around

B 대화의 빈칸에 들어갈 알맞은 표현을 찾아보세요.

A: Good morning, Tony. You're a bit late today. Was the road ___1___ ?

B: Yes. I was ___2___ in traffic. That's why I arrived at the office now.

A: I commute ___3___ every morning, and I'm never late.

B: 'Okay, why don't you please ___4___ to your seat? I'm sending you ___5___ that I'm not interested, but you still keep hitting on me ....'

ⓐ on foot	ⓑ signals	ⓒ return
ⓓ held up		ⓔ congested

공공 기관
언제나 우리 곁에 있어요

일처리는 확실하게…

경찰서, 소방서, 주민 센터, 우체국 등 우리 주변의 여러 공공 기관을 이용하면서 접할 수 있는 표현을 익혀 봅시다.

police officer
경찰관

firefighter
소방관

librarian
사서

street cleaner
환경 미화원

teacher
교사

mailman / postman
우체부

---

report
[ripɔ́ːrt]

ⓥ 신고하다, 보고하다

We called the insurance company to **report** a theft.

우리는 도난 신고를 위해 보험 회사에 전화를 걸었어요.

ⓝ 보고(서), 신고(서)

Our teacher told us to write a **report** on living as an immigrant.

우리 선생님께서 우리에게 이민자의 생활에 관한 보고서를 쓰라고 하셨어요.

---

license
[láisəns]

ⓝ 면허증, 허가증

A non-U.S. citizen may be issued a temporary driving **license** in the U.S.

미국 시민이 아닌 사람은 미국에서 일시적인[임시의] 운전 면허증을 발급받을 수 있습니다.

suspended
[səspéndid]

adj 정지된, 중단된

He was caught by the police while driving with a **suspended** license.

그는 정지된 면허증을 소지하고 운전을 하던 중 경찰에게 붙잡혔습니다.

🎙️ **친절한 보카샘**

suspended license는 '정지된 면허' 혹은 '면허 정지'라는 의미로, 일정 기간이 지나거나 특정 조건을 충족하면 다시 유효성을 회복할 수 있습니다. 반면에, revoked license의 경우 '취소된 면허' 혹은 '면허 취소'라는 의미로, 새로 발급받지 않는 한 회복될 수 없는 면허를 말합니다.

required
[rikwáiərd]

adj 요구되는, 의무적인, 필수적인

Wearing a seatbelt in the car is **required** by law.

자동차 안에서의 안전벨트 착용은 법적으로 요구됩니다.

🎙️ **친절한 보카샘**

공식적인 문서나 안내 등에서 '의무적인, 필수적인'이라는 의미를 표현하기 위해 mandatory, necessary, obligatory 등의 단어를 사용하기도 합니다.

documentation
[dàkjəmentéiʃən]

n (공적으로 요구되는) 서류, (입증하기 위한) 문서

Passengers without proper **documentation** will not be allowed to board the plane.

서류를 제대로 구비하지 않은 승객은 비행기 탑승이 허가되지 않습니다.

🎙️ **친절한 보카샘**

- documentation: '집합적인 의미의 서류'를 의미하며, 복수형으로 쓰지 않습니다.
- document: '특정한 목적의 서류나 문서'를 의미하며, 셀 수 있는 명사로 사용하므로 여러 장일 경우 -s를 붙여 복수형으로 씁니다.

compensate
[kámpənsèit]

v 보상하다, 보상금을 주다

The insurance company will **compensate** you for the car accident.

보험 회사가 자동차 사고에 대해 보상해 줄 것입니다.

cover
[kʌvər]

◎ (보험 등으로) 보장하다

This home insurance **covers** fire and smoke damage to your house.
이 주택 보험은 고객님의 주택에 생기는 화재나 연기로 인한 피해에 대해 보장합니다.

친절한 보카샘

cover는 정말 여러 분야에서 쓰이는 단어입니다. cover가 가진 여러 의미를 다음 예문들을 통해 알아볼까요?
- The mother **covered** the baby with a blanket. (덮다)
- The sports game will be **covered** live on TV. (방송하다)
- We have barely enough money to **cover** the monthly rent. (감당하다)

procedure
[prəsíːdʒər]

◎ (특히 어떤 일을 제대로 하는) 절차, 순서

You must follow correct **procedures** when applying for a license. 면허증[증명서]을 신청할 때 올바른 절차를 따라야 합니다.

친절한 보카샘

의료 관련 상황에서 procedure가 쓰일 때는 '수술, 의료적인 처치'의 의미로 쓰일 수 있습니다.
- The patient needs a surgical **procedure** right away.
  그 환자는 당장 외과적 수술이 필요합니다.

domestic
[dəméstik]

🔵 국내의

When is the best time to book a **domestic** flight in Korea?
한국에서 국내 항공편을 예약하기 위한 가장 좋은 시기는 언제입니까?

🔵 가정의, 가정적인, 가사의

From what I remember, my father was not such a **domestic** person. 내 기억에 나의 아버지는 그다지 가정적인 사람이 아니었어요.

custody
[kʌstədi]

⊙ 구류, 구치, 감금

The suspect is now in police **custody**.
그 용의자는 이제 경찰 구류 중에 있습니다.

⊙ (사람의) 보호, 보호권, 양육권

The mother has **custody** of their two kids.
어머니가 두 자녀에 대한 양육권을 갖고 있습니다.

친절한 보카샘

- in **custody** 구류되어, 감금되어
- take ~ into **custody** ~을 구류하다, 구금하다, 가두다

postal code

phr 우편 번호

You should write the **postal code** of the recipient on the front of the envelope. 수령자의 우편 번호를 봉투 앞면에 써야 합니다.

친절한 보카샘

우편물을 쉽게 분류하기 위하여 지역마다 매긴 번호를 '우편 번호'라고 하지요. 우리나라에서는 이를 위한 제도가 1970년부터 실시되었다고 합니다. 우편 번호는 zip code 또는 postcode라고도 합니다.

flat rate

phr 균일 요금, 정액 요금, 고정 요금

For every purchase under a hundred dollars, we charge a **flat rate** of five dollars for shipping.
100달러 미만의 각 구매 건에 대해, 저희는 배송료 5달러를 균일 요금으로 청구합니다.

친절한 보카샘

미국의 우체국이나 우체국 사이트에서 flat rate box 또는 flat rate envelope을 보신 적 있나요? 보내고자 하는 우편물이 일정 무게 기준을 넘지 않는 선에서, 무게나 거리에 상관없이 균일 요금을 내는 제도예요. 박스나 봉투는 무료로 주문할 수 있답니다.

emergency

[imə́ːrdʒənsi]

n 비상시, 비상(사태), 위급 상황

Mom always kept some cash in the house in case there was an **emergency**.
엄마는 비상시를 대비하여 집안에 어느 정도의 현금을 항상 보관해 두셨어요.

paramedic

[pæ̀rəmédik]

n 응급 구조사, 준의료 활동 종사자, 긴급 의료원

I saw **paramedics** performing CPR on a man who lost consciousness in the street.
나는 응급 구조사가 길에서 의식을 잃은 남자에게 CPR을 시행하는 것을 보았어요.

친절한 보카샘

paramedic은 의사나 간호사는 아니지만 전문적인 훈련을 통해 응급 상황에서 의료적 처치를 할 수 있는 자격을 지닌 사람들을 말합니다. 보통 응급차에 동승하여 병원에 도착하기 전까지 환자에게 필요한 의료 행위를 합니다.

A 우리말 뜻에 알맞은 단어를 연결해 보세요.

1 면허증, 허가증 •   • ⓐ suspended

2 신고하다; 보고(서) •   • ⓑ postal code

3 우편 번호 •   • ⓒ required

4 요구되는, 의무적인 •   • ⓓ report

5 구류; 보호, 양육권 •   • ⓔ procedure

6 정지된, 중단된 •   • ⓕ compensate

7 절차, 순서 •   • ⓖ license

8 보상하다 •   • ⓗ custody

B 대화의 빈칸에 들어갈 알맞은 표현을 찾아보세요.

A: Dad, how about you and I take a(n) ____**1**____ flight to Busan?

B: What? What do you mean?

A: I have to submit this ____**2**____ for my admission to the university.

B: Why don't you mail it in? If you use a(n) ____**3**____ envelope, it will cost us much less than a flight.

A: This is a(n) ____**4**____ ! I have to turn it in in two days. I'd rather submit it in person.

B: 'I hope you could ask your mom, instead.'

ⓐ flat rate   ⓑ domestic   ⓒ emergency   ⓓ documentation

Vocabulary Check
일상생활(집 밖에서)

Ⓐ 우리말 뜻에 해당하는 표현의 기호를 쓰세요.

1 _____ 저금
2 _____ 예약
3 _____ 보상하다
4 _____ 통근하다
5 _____ 할인
6 _____ 진찰하다
7 _____ 신호(로 알리다)

ⓐ signal
ⓑ examine
ⓒ saving
ⓓ reservation
ⓔ compensate
ⓕ discount
ⓖ commute

Ⓑ 빈칸에 들어갈 알맞은 표현을 고르세요.

1 Our volunteer work will be _____ until the flu season is over.
　ⓐ suspended　　ⓑ financial　　ⓒ required

2 The road is very _____. It is blocked with traffic.
　ⓐ latest　　ⓑ domestic　　ⓒ congested

3 I had to _____ money from the ATM to pay for my stay at the hotel.
　ⓐ serve　　ⓑ withdraw　　ⓒ afford

4 Customers who spend more than $200 will be given a _____ show ticket.
　ⓐ required　　ⓑ pedestrian　　ⓒ complimentary

C 알맞은 표현을 골라 문장을 완성하세요.

> ⓐ suffer from ⓑ available ⓒ recommend ⓓ emergency ⓔ refund

1 The beach resort was wonderful! I would _____ it to anyone.

2 We will _____ your money if you are not satisfied with the product.

3 Many young people _____ emotional problems.

4 I'm sorry. There is no table _____ at the moment.

5 The government is sending _____ supplies to the flooded area.

D 우리말 뜻에 맞게 문장을 완성하세요.

1 I stopped by the bookstore to _____ new books.
나는 새로 나온 책들을 훑어보기 위해 서점에 잠시 들렀어요.

2 I didn't pass the test. I guess my effort was _____.
나는 시험에 통과하지 못했어. 나의 노력이 부족했나봐.

3 The doctor decided to ask for a second opinion before reaching a final
_____.
그 의사는 최종 진단을 내리기 전에 다른 사람의 의견을 묻기로 했습니다.

4 I'd like to order a large pizza _____ _____.
저는 (식당에서 먹지 않고) 가지고 갈 라지 사이즈의 피자를 주문하고 싶습니다.

2

일상생활집 밖에서

여가생활

CHAPTER 3
여가생활

DAY 15

음악
아름다운 선율 속으로

클래식 음악은 내 취향이 아니야~

평소에 익숙하게 접하는 음악에서 사용되는 많은 어휘가 영어 단어에서 차용된 것이라는 것을 아시나요? 오늘은 음악과 관련된 다양한 어휘와 쓰임에 대해 살펴봅시다.

이번 주말에 concert에 가지 않을래?

좋아. 나는 노래를 sing along 하는 게 좋아. 가수가 누군데?

그게, 클래식 음악 콘서트야. 내가 좋아하는 orchestra가 Mozart를 연주하거든.

Mozart가 훌륭한 composer이긴 하지. 하지만 classical music은 졸려. 나는 록 음악이나 팝송이 좋아.

그러면 같이 갈 다른 사람을 찾아야겠어. 이미 표를 book했거든.

classical

[klǽsikəl]

adj 고전적인, 클래식의

People say that listening to **classical** music could help the human brain.

사람들은 고전 음악을 듣는 것이 인간의 뇌에 도움을 줄 것이라고 해요.

친절한 보카샘

흔히 우리가 말하는 '클래식 음악(고전 음악)'은 classic music이라고 하지 않고 classical music이라고 해요. classic은 형용사로 '(유행에 좌우되지 않는) 전통적인 스타일의, 최고 수준의, 대표적인'이라는 의미를, 명사로 '고전, 명작'의 의미를 나타내요. 또한 음악에는 classical(고전 음악)뿐만 아니라 pop(팝), reggae(레게), jazz(재즈), disco(디스코), hip-hop(힙합), rock(록), rap(랩), disco(디스코) 등 다양한 장르가 있답니다.

orchestra

[ɔ́ːrkistrə]

n 오케스트라, 관현악단

My brother plays the violin in the school **orchestra**.

나의 남동생은 학교 오케스트라에서 바이올린을 연주해.

perform

[pərfɔ́ːrm]

v 연주하다, 공연하다

The band **performed** the final song of the evening.

밴드는 그날 저녁의 마지막 곡을 연주했어요.

v (일, 과제를) 수행하다

This machine can **perform** multiple of tasks at the same time. 이 기계는 여러 과업을 동시에 수행할 수 있어요.

book

[buk]

v 예약하다

She will **book** a flight to Paris to visit her parents.

그녀는 부모님을 방문하기 위해 파리로 가는 비행기를 예약할 거야.

친절한 보카샘

book과 reserve는 '예약하다'라는 의미로 통용되는데, book은 주로 티켓 등을 예매해서 비용을 지불한 상태까지를 나타낼 때, 그리고 reserve는 약속만 잡아놓고 아직 구매하지 않은 상태를 나타낼 때 사용해요. '예약하다'라는 의미로 arrange, make a reservation을 사용할 수도 있어요. schedule은 '일정에 넣는다'라는 의미입니다.

popular
[pápjələr]

adj 인기 있는

This singer is so **popular** that everyone hums his song.

이 가수는 매우 인기가 있어서 모든 사람이 그의 노래를 흥얼거려요.

친절한 보카샘

- popular(인기 있는): 많은 사람이 좋아해서 즐기는 것을 나타내요.
- preferred(선호하는): 여러 가지 중에서 어떤 것을 상대적으로 더 좋아한다는 의미로 사용해요.
  He knows my **preferred** time and place.
  그는 내가 선호하는 시간과 장소를 알고 있어요.
- favorite(가장 좋아하는): 여러 대상 중 가장 좋아하는 것을 나타낼 때 사용해요.
  My **favorite** singer is Michael Jackson.
  내가 가장 좋아하는 가수는 Michael Jackson이에요.

conductor
[kəndʌ́ktər]

n 지휘자

He is the **conductor** of the Royal Philharmonic Orchestra.

그는 Royal Philharmonic 오케스트라의 지휘자예요.

compose
[kəmpóuz]

v 작곡하다

Beethoven **composed** his greatest works when he was almost deaf.

Beethoven은 귀가 거의 들리지 않을 때 자신의 가장 훌륭한 작품들을 작곡했어요.

친절한 보카샘

사람을 나타낼 때 '명사[동사]+-er, -or, -ist, -ian'을 사용해요.
- compose(작곡하다) — composer(작곡가)
- conduct(지휘하다) — conductor(지휘자)
- cello(첼로) — cellist(첼리스트)
- music(음악) — musician(음악가)

backstage
[bæ̀kstéidʒ]

adv 무대 뒤에서

We were allowed to go **backstage** to meet the flutist.

우리는 무대 뒤로 가서 플루트 연주자를 만나도 된다는 허락을 받았어요.

친절한 보카샘

무대 뒤에서 일어나는 일을 관객들이 볼 수가 없지요? backstage는 '은밀히, 몰래' 또는 '비밀리에'라는 의미로 사용되기도 합니다.

audience
[ɔ́ːdiəns]

ⓝ 청중

The **audience** watched the show with great interest.

청중은 대단히 흥미롭게 공연을 관람했습니다.

applaud
[əplɔ́ːd]

ⓥ 박수갈채하다

Many people **applauded** his speech.

많은 사람들이 그의 연설에 박수갈채를 보냈습니다.

ⓥ 칭찬하다, 찬양하다

We **applaud** your honesty. 우리는 당신의 정직함을 칭찬합니다.

> **친절한 보카샘**
>
> '큰 박수를 보내다'라는 표현으로 give a round of applause, give a big hand 라는 표현을 사용하며, '기립 박수를 받다'라는 의미로 get a standing ovation을 사용함을 기억해두세요. standing ovation은 공연이 끝난 후에 이루어지는 일종의 에티켓이랍니다.

choir
[kwáiər]

ⓝ 합창단

Every Saturday, the church **choir** sings for tourists.

매주 토요일 교회 합창단은 관광객들을 위해 노래를 합니다.

> **친절한 보카샘**
>
> choir와 chorus는 둘 다 '합창단'이라는 의미가 있습니다. choir는 노래를 부르는 사람들만을 지칭하지만, chorus는 보통 choir보다 규모가 큰 대형 합창단을 가리키며, 춤추는 사람이나 연기자 등을 포함한 뮤지컬 등의 코러스단을 지칭하거나, '후렴(구)'라는 의미 또는 '합창을 하다; 이구동성으로 말하다'라는 동사로 사용되기도 해요.
>
> · Let's sing the **chorus** again. People love it.
>   후렴구를 다시 부르자. 사람들이 좋아해.
> · The children **chorused**, "Let's go out!"
>   아이들은 "나가자!"라고 이구동성으로 말했습니다.

sing along

ⓟ 노래를 따라 부르다

My daughter enjoys **singing along** to the lyrics of *Let It Go*.

나의 딸은 'Let It Go' 노래의 가사를 따라 부르는 것을 즐겨요.

3

여가생활

hit
[hit]

ⓝ (곡 · 앨범 등의) 히트(곡); 성공, 행운

The song was written in 1990 and was the greatest **hit** of his career. 그 곡은 1990년에 쓰였고 그의 경력에서 가장 큰 히트곡이었어요.

ⓥ (순위를) 차지하다, (수량 · 수준 등이) ~에 이르다, ~에 도달하다

Her new song **hit** the fifth spot on Billboard's Top 100 chart. 그녀의 신곡은 Billboard Top 100순위에서 5위를 차지했어요.

🎵 친절한 보카샘

hit song, hit record, hit album은 크게 인기를 얻어 잘 알려진 노래, 앨범을 가리킬 때 사용해요. *Bohemian Rhapsody*는 Queen의 hit single(빌보드 차트에 오른 인기곡)이었지요.

release
[rilíːs]

ⓥ (앨범이나 책을) 발매하다, (영화를) 개봉하다

They plan to **release** a new album for Christmas.
그들은 크리스마스를 위한 새 앨범을 발매하려고 계획합니다.

ⓝ (대중들에게) 공개, 개봉; 발매 음반, 개봉작

The new movie goes on general **release** next month.
그 새 영화는 다음 달에 일반에 공개됩니다.

오늘의 심화 어휘: 오케스트라에 사용되는 악기들

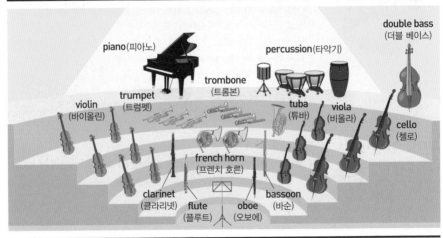

Daily Review

A 우리말 뜻에 알맞은 단어를 연결해 보세요.

1	지휘자	•	• ⓐ perform
2	연주하다	•	• ⓑ popular
3	인기 있는	•	• ⓒ backstage
4	청중	•	• ⓓ conductor
5	박수갈채하다	•	• ⓔ applaud
6	무대 뒤에서	•	• ⓕ choir
7	합창단	•	• ⓖ audience
8	발매하다, 개봉하다	•	• ⓗ release

B 대화의 빈칸에 들어갈 알맞은 표현을 찾아보세요.

A: Why don't we go to a concert this weekend?

B: Sounds great. I like to ____**1**____ at concerts. Who is the singer?

A: Well, it is a(n) ____**2**____ music concert. My favorite ____**3**____ performs Mozart.

B: Oh, Mozart is one of the greatest ____**4**____ of all time, but classical music just makes me sleepy. I prefer rock or pop music.

A: Then I'll find someone else to go with. I've already ____**5**____ the tickets.

ⓐ orchestra ⓑ sing along ⓒ classical ⓓ booked ⓔ composers

Answer A. 1 ⓓ 2 ⓐ 3 ⓑ 4 ⓖ 5 ⓔ 6 ⓒ 7 ⓕ 8 ⓗ
B. 1 ⓑ 2 ⓒ 3 ⓐ 4 ⓔ 5 ⓓ

DAY 16 미술
눈으로 배우는 아름다움

미술관을 추천해 주세요

미술관에 가서 접할 수 있는 다양한 표현들과 어휘에 대해 살펴보고, 미술과 관련된 용어들을 활용해 봅시다.

exhibit
[igzíbit]

ⓥ 전시하다

Monet's paintings will be **exhibited** for the first time in this city.

Monet의 그림들이 이 도시에서 처음으로 전시될 것입니다.

3
여가생활

gallery
[gǽləri]

ⓝ 화랑, 미술관, 그림 전시실

The **gallery** has a number of his early works.

그 화랑은 그의 초기 작품들을 여러 점 가지고 있어요.

✏️ **친절한 보카샘**

gallery는 미술 작품을 전시하고 판매를 하기도 하는 미술관을 지칭해요. 다양한 작품을 오랜 기간 동안 상설 전시하는 곳을 art gallery, art museum이라고 부르기도 합니다. 또한, gallery는 박물관의 전시실을 지칭할 때 사용하기도 하며, 거대한 홀이나 극장 뒷면, 옆면에 튀어나온 좌석 공간을 의미하기도 합니다.

visual
[víʒuəl]

ⓐⓓⓙ 시각의

Drawings and paintings are two forms of **visual** art.

그리기와 칠하기는 시각 미술의 두 방식이에요.

docent
[dóusənt]

ⓝ (미술관의) 안내원

We offer a free **docent** tour every Sunday from 2:00 p.m. to 3:00 p.m.

우리는 매주 일요일 오후 2시에서 3시까지 미술관 안내원 투어를 무료로 제공합니다.

✏️ **친절한 보카샘**

docent는 박물관이나 미술관에서 전시물을 관람객에게 설명하는 안내인으로, 일반 관람객들의 안내와 전시물, 작가에 관해 설명을 하는 역할을 합니다. curator는 박물관 · 미술관 등의 전시 책임자를 가리키며, 관람객을 위한 전시를 기획하고 개최하거나 작품을 구입하고 수집하고 관리하는 업무를 담당한답니다.

masterpiece
[mǽstərpìːs]

ⓝ 걸작, 명작

Van Gogh painted his **masterpiece** in 1889.

Van Gogh는 그의 걸작을 1889년에 그렸어요.

친절한 보카샘

master는 '거장, 대가'라는 의미가 있고, piece는 '(음악이나 미술 등의) 작품 한 점'을 말해요. 따라서 masterpiece는 '훌륭한 예술작품[걸작]'의 의미가 되는 것이지요. piece는 원래 '조각, 부분'이라는 의미가 있답니다.
- He is producing a fine **piece** of painting.
  그는 훌륭한 그림 한 점을 제작하고 있어요.
- I can eat four **pieces** of pizza. 나는 피자 네 조각을 먹을 수 있어요.

watercolor
[wɔ́ːtərkʌ̀lər]

ⓝ 수채화; 수채화 그림물감

I bought a **watercolor** of a small town.

나는 작은 마을을 그린 수채화를 샀어요.

친절한 보카샘

그림을 그리는 도구에 따라 다양한 종류의 그림으로 분류됩니다. watercolors(물감)로 그린 watercolor(수채화)를 비롯하여 oil(유화), pastel(파스텔화), acrylic(아크릴화), fresco(프레스코화) 등이 있지요.

abstract
[ǽbstrækt]

ⓝ 추상화

Your painting looks like one of Pablo Picasso's famous **abstracts**. 너의 그림은 Pablo Picasso의 유명한 추상화 중 하나같아.

친절한 보카샘

abstract는 '추상화'라는 의미 외에도 다양한 의미로 사용됩니다.
- 추상적인: Faith and happiness are **abstract** ideas.
  신앙과 행복은 추상적인 개념입니다.
- 개요, 발췌: I read the **abstract** of the paper and got the idea of the topic. 저는 논문의 개요를 읽고 주제에 대한 아이디어를 얻었어요.
- 끌어내다, 추출하다: She **abstracted** the main point from the essay.
  그녀는 수필에서 요점을 끌어냈어요.

contemporary
[kəntémpərèri]

adj 현대의

Contemporary artists employ music or musical elements in their art.

현대 미술가들은 음악이나 음악적인 요소들을 자신들의 미술에 적용합니다.

craft
[kræft]

ⓝ (수)공예

I bought this vase at the **craft** fair.

나는 이 화병을 수공예 박람회에서 샀어.

art supplies

🄿🄷🅁 미술용품

You can buy paint brushes at an **art supply** store.

미술용품점에 가서 그림용 붓을 살 수 있어.

▌친절한 보카샘

미술용품에는 sketchbook(스케치북), drawing pencil(데생용 연필), paint brush(그림용 붓), palette(팔레트), canvas(캔버스), crayon(크레용), easel(이젤) 등이 있습니다.

carve
[kɑːrv]

ⓥ 조각하다, 새기다

My kids couldn't **carve** their pumpkins well.

제 아이들은 호박을 잘 조각하지 못했어요.

▌친절한 보카샘

조각상(sculpture)을 만들 때는 조각하거나(sculpting, carving) 틀에 주물을 채워 넣어 굳히는(molding, casting) 방법을 사용합니다. 이렇게 만들어진 조각상 중 특히 사람이나 동물의 형상을 나타내는 것을 statue라고 하지요.

marble
[mɑ́ːrbl]

ⓝ 대리석

The Taj Mahal in India is made of **marble**.

인도의 Taj Mahal은 대리석으로 만들어졌습니다.

▌친절한 보카샘

조소(sculpture)를 만들 때는 bronze(청동), copper(구리), metal(금속), stone(돌), wood(나무), clay(점토), plaster(석고) 등의 다양한 재료들이 사용됩니다.

blend
[blend]

ⓥ 섞다, 섞이다

I **blended** red and yellow to create orange.

나는 주황색을 만들려고 빨간색과 노란색을 섞었어.

친절한 보카샘

철자는 비슷하지만 의미가 전혀 다른 단어들이 있지요? blend와 bland가 그렇습니다. blend는 '혼합하다'의 뜻으로 mix, mingle과 같이 '섞다'라는 의미를 나타냅니다. bland는 '밋밋한, 건조한, 재미없는'의 의미이지요.
- Oil does not **blend**[mix] with water. 기름은 물과 섞이지 않아요.
- Though it tastes **bland**, it will make you healthy.
  그것의 맛이 밋밋할지라도, 너를 건강하게 할 거야.

freehand
[fríːhæ̀nd]

ⓐⓓⓙ (기구 없이) 손으로만 그린

He made a **freehand** sketch of it and selected the materials.

그는 손으로만 스케치를 그리고 재료를 선택했어요.

오늘의 심화 어휘: 그림의 종류

history painting
역사화

portrait
인물화

genre painting
풍속화

still life
정물화

landscape
풍경화

seascape
풍경화(바다 풍경)

cityscape
풍경화(도시 풍경)

Daily Review

Ⓐ 우리말 뜻에 알맞은 단어를 연결해 보세요.

1 손으로만 그린 •   • ⓐ exhibit

2 대리석 •   • ⓑ visual

3 (수)공예 •   • ⓒ craft

4 섞다, 섞이다 •   • ⓓ art supplies

5 조각하다, 새기다 •   • ⓔ carve

6 미술용품 •   • ⓕ marble

7 시각의 •   • ⓖ blend

8 전시하다 •   • ⓗ freehand

Ⓑ 대화의 빈칸에 들어갈 알맞은 표현을 찾아보세요.

A: Is there a(n) _____**1**_____ in this town?

B: Yes, there are several galleries and _____**2**_____ art museums.

A: Which one do you recommend? I like _____**3**_____ paintings because they show the world differently.

B: Then visit the one that has the works of Lind W. Her _____**4**_____ "River Walk" is famous. I'm sure you will be impressed by her _____**5**_____.

A: Thanks a lot. Is a(n) _____**6**_____ tour also available?

B: Of course.

ⓐ masterpieces	ⓑ abstract	ⓒ contemporary
ⓓ docent	ⓔ watercolor	ⓕ art gallery

독서

책은 마음의 양식

문학 작품을 쓰고 싶어.

어떤 책을 고르고 어떻게 책을 읽어야 할까요? 책과 관련된 어휘들을 살펴보고, 영어로 책을 읽을 때 활용해 봅시다.

author
[ɔ́:θər]

ⓝ 작가, 저자

My father is the **author** of three books on music.

나의 아빠는 음악에 관해 세 권의 책을 쓴 작가예요.

publish
[pʌ́bliʃ]

ⓥ 출판하다

I **published** my first novel under the pen name Alice.

나는 Alice라는 필명으로 나의 첫 소설을 출판했어요.

literature
[lítərətʃùər]

ⓝ 문학

I've been reading Russian **literature** a lot.

나는 러시아 문학을 많이 읽고 있어요.

biography
[baiágrəfi]

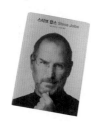

ⓝ 전기, 일대기(한 개인의 일생을 기록한 글)

There's a new **biography** of Steve Jobs coming out this month.

Steve Jobs의 새로운 전기가 이번 달에 출간됩니다.

character
[kǽriktər]

ⓝ (책 · 영화 등의) 등장인물

Most of the **characters** in the book are real historical people. 그 책의 등장인물들 대부분은 실존하는 역사적인 인물이에요.

친절한 보카샘

등장인물 중 '주인공'은 main character, 또는 protagonist라고 합니다. 특히 '남자 주인공'을 hero, '여자 주인공'을 heroine이라고도 하지요. 주인공과 대립, 갈등을 일으키는 인물은 antagonist라고 합니다. '악역'은 villain이라고도 합니다. 때로는 악역이 주인공보다 매력적인 이야기가 있기도 하죠?

background
[bǽkgràund]

ⓝ 배경

Gone with the Wind is a love story with the **background** of the American Civil War.
'바람과 함께 사라지다'는 미국 남북 전쟁을 배경으로 한 사랑 이야기예요.

fictional
[fíkʃənəl]

adj 꾸며 낸, 허구의, 소설적인

Gotham is a **fictional** city where Batman lives.
Gotham은 Batman이 사는 허구의 도시예요.

친절한 보카샘

책의 장르는 크게 소설(fiction)과 비소설(non-fiction)로 구분할 수 있습니다. 소설에는 모험(adventure), 판타지(fantasy), 공상 과학(science fiction), 고전(classics), 미스터리(mystery) 등이 포함되고, 비소설에는 사실적인 내용을 바탕으로 하는 요리책(cookbook) 등이나 사전(dictionary), 역사책(history book) 등이 포함됩니다.

volume
[válju:m]

ⓝ (전집류 · 시리즈 등의) 권; 책

I am looking forward to reading the last **volume** of the collection. 나는 전집의 마지막 권을 읽기를 고대하고 있어.

친절한 보카샘

volume은 전집에서 한 권을 나타낼 때 사용하며, 약어로 vol.을 사용합니다. 이외에도 다음과 같은 의미로 사용됩니다.

- 음량: Would you mind turning down the **volume**?
  음량을 줄여 주시겠어요?
- 부피, 양: The **volume** of traffic in many cities continues to increase.
  많은 도시의 교통량이 계속 증가하고 있어요.

storyline
[stɔ́:rilain]

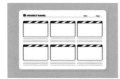

ⓝ 줄거리

A: Why did you give up reading the novel?
왜 소설책 읽기를 중단했니?

B: The **storyline** was very complicated.
줄거리가 너무 복잡해서.

bookworm
[búkwə̀:rm]

ⓝ 책벌레, 독서광

Jenny is a **bookworm**, so she usually reads books in her free time.
Jenny는 책벌레라, 시간이 있으면 보통 책을 읽어.

paperback
[péipərbæ̀k]

ⓝ 종이 표지 책, 페이퍼백(보급판)

I prefer a **paperback** book, but a hardback is more durable.
나는 종이 표지 책을 좋아하지만, 양장본이 더 튼튼해.

🔖 **친절한 보카샘**

paperback은 종이로 표지를 감싼 책으로, 일반 단행본보다 크기도 작고 가격도 싼 보급판 책이랍니다. hardback[hardcover]은 표지가 두꺼운 양장본으로, 상대적으로 무겁지만 내구성이 뛰어납니다. 요즘은 전자책(e-book, digital edition)이나 오디오북(audio book)의 활용도가 높아지고 있습니다.

page-turner
[péidʒtə:nə]

ⓝ 흥미진진한 책

The novel I am reading now is a real **page-turner**. It's all I think about! 내가 지금 읽고 있는 소설은 정말 흥미진진한 책이야. 그것만 생각나!

🔖 **친절한 보카샘**

어떤 책들은 처음부터 끝까지(from cover to cover) 쉬지 않고 읽을 만큼 재미있고, 베스트셀러 목록(bestseller list)에 오랫동안 올라 있기도 하지요. 기대하고 읽었던 책인데 조금 실망스러운 책(a letdown)도 있고요.

· I read this book **from cover to cover** without stopping.
나는 이 책을 처음부터 끝까지 멈추지 않고 읽었어.

· This book has been on the **bestseller list** for seven months.
이 책은 7개월 동안 베스트셀러 목록에 올라와 있어요.

· The book you recommended turned out to be a bit of **a letdown**.
네가 추천해 준 책은 조금 실망이었어.

review
[rivjú:]

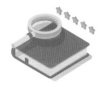

ⓝ 평론, 논평

People want to read a book **review** before they buy the book.

사람들은 책을 사기 전에 서평을 읽고 싶어 해요.

친절한 보카샘

review는 책, 영화 등에 관한 평론, 논평을 가리키며, book review(서평), movie review(영화 평론), play review(연극 평론) 등이 있습니다. get a rave review 는 '호평을 받다'라는 의미로 쓰인답니다.

· His new book is **getting rave reviews**.

  그의 새 책은 호평을 받고 있어요.

critic
[krítik]

ⓝ 비평가

The **critic** wrote an article in the *New York Times*.

그 비평가는 'New York Times'에 기사를 썼어요.

친절한 보카샘

책을 읽을 때는 비판적 읽기(critical reading)의 자세도 필요해요. 비판적 읽기는 글을 능동적으로(actively) 읽으면서 분석(analyzing), 해석(interpreting), 평가 (evaluating)하는 것을 포함합니다.

오늘의 심화 어휘: 소설의 구조

climax(절정)

conflict (갈등)

rising action (전개)

falling action / denouement (하강 / 대단원)

exposition / introduction (발단 / 도입)

resolution / conclusion (해결 / 결말)

Daily Review

A 우리말 뜻에 알맞은 단어를 연결해 보세요.

1 전기, 일대기	•	• ⓐ literature
2 (책·영화 등의) 등장인물	•	• ⓑ biography
3 (전집류·시리즈 등의) 권; 책	•	• ⓒ character
4 문학	•	• ⓓ background
5 비평가	•	• ⓔ fictional
6 종이 표지 책, 페이퍼백	•	• ⓕ volume
7 꾸며 낸, 허구의, 소설적인	•	• ⓖ paperback
8 배경	•	• ⓗ critic

B 대화의 빈칸에 들어갈 알맞은 표현을 찾아보세요.

A: You know I've always wanted to be a(n) ___**1**___, don't you? I'm going to write and ___**2**___ a novel like *The Little Prince*.

B: Wow, I'm looking forward to reading your book. Have you come up with any characters yet?

A: A(n) ___**3**___ will go into the world of a book and explore it.

B: Just the basic ___**4**___ sounds really interesting already!

A: I hope it becomes a bestseller and gets good ___**5**___.

B: I'm sure it will be a(n) ___**6**___. What you have to do now is to start writing.

ⓐ storyline　　ⓑ author　　ⓒ publish

ⓓ bookworm　　ⓔ page-turner　　ⓕ reviews

영화와 연극

영화를 볼까, 연극을 볼까

그 감독의 영화가 정말 대단해!

연극과 영화에서 공통으로 사용되는 어휘들이 많지만, 각 분야에서만 사용되는 단어들도 있답니다. 오늘은 연극, 영화와 관련된 다양한 어휘에 대해 배워 보고 풍요로운 여가생활을 누려 봅시다.

box office

phr 매표소

Discounted tickets are only available at the **box office**.
할인된 입장권은 매표소에서만 구매 가능합니다.

phr 흥행, 폭발적 인기

His new movie broke all **box office** records.
그의 새로운 영화는 모든 흥행 기록을 갈아치웠습니다.

> **친절한 보카샘**
> box office는 영화표를 구매하는 '매표소'라는 의미가 확대되어 영화의 '흥행, 폭발적
> 인기'라는 의미로도 사용됩니다. '흥행작'이라는 의미로 box-office hit, box-office
> success라는 표현을 사용하며, '흥행 보증 수표'라는 의미로 box-office draw라는
> 표현을 쓰기도 합니다.

theater
[θí(:)ətər]

n 극장

This **theater** has a seating capacity of 1,000.
이 극장은 1,000명을 수용할 수 있어요.

> **친절한 보카샘**
> theater는 미국식 표기법으로, 영국에서는 theatre로 표기합니다. 하지만 미국에서
> 도 극장 이름으로 쓸 때 theatre를 사용하는 곳이 있지요. theater는 보통 연극이
> 나 무용을 공연하는 곳이고, 영화를 상영하는 극장(영화관)은 미국식으로는 movie
> theater, 영국식으로는 cinema라고 합니다. '영화관에 가다'라는 의미로 go to the
> movies라는 표현을 주로 사용합니다. 요즘에 여러 영화들을 한 극장에서 상영하는
> 데, 이러한 극장을 multiplex라고 하지요.

rehearse
[rihə́:rs]

v 예행연습[리허설]하다

Broadway musicals traditionally **rehearse** for four to six
weeks. 전통적으로 브로드웨이 뮤지컬은 4주에서 6주 정도 예행연습을 합니다.

> **친절한 보카샘**
> 연극을 무대에 올리기 전 마지막으로 실제 공연과 같이 분장을 하고 조명을 사용하여
> 서 하는 연습을 dress rehearsal(최종 리허설)이라고 합니다.

intermission
[intərmíʃən]

n (연극 · 영화 등의) 중간 휴식 시간

Coffee and other drinks will be served during the
intermission.
커피와 다른 음료들이 중간 휴식 시간에 제공될 것입니다.

curtain call

phr 커튼콜(연극이 끝난 후 배우들이 박수를 받으며 무대 위로 나오는 것)

Jessica responded to a **curtain call** 10 times.

Jessica는 커튼콜에 10번 응했어요.

> **친절한 보카샘**
>
> curtain call은 final bow라고도 하며, 연극, 발레, 오페라 등의 공연이 끝난 후 배우, 가수, 발레 댄서, 지휘자, 연출가가 무대에 나타나 관객에게 인사를 하는 것을 말해요. 추가로 노래나 무대를 요청하는 앙코르(encore)와는 달리, 커튼콜을 받으면 (take a curtain call) 무대 위에 등장하여 관객들의 박수와 환호에 보답으로 고개를 숙이거나 손을 흔들어 인사를 합니다.

costume
[kástʃuːm]

ⓝ 의상

The actors have four **costume** changes during the play.

배우들은 연극 중에 의상을 네 번 갈아입어요.

tragedy
[trǽdʒidi]

ⓝ 비극 (작품)

Fortinbras is an important character in Shakespeare's **tragedy** 'Hamlet'.

Fortinbras는 Shakespeare의 비극 '햄릿'에서 중요한 인물입니다.

> **친절한 보카샘**
>
> 연극의 장르에는 희극(comedy), 비극(tragedy), 역사가 중심이 되는 역사극 (historical), 춤과 음악이 곁들여진 뮤지컬(musical), 언어보다는 몸동작, 소리, 상징으로 관객과 의사소통을 추구하는 잔혹극(theater of cruelty), 언어와 행동의 모순을 나타내는 부조리극(theater of the absurd) 등이 있습니다.

cast
[kæst]

ⓝ (연극 · 영화의) 출연자들, 배역

The new Batman movie has a very strong **cast**.

새로운 배트맨 영화는 출연자들이 아주 쟁쟁합니다.

ⓥ 배우를 뽑다, 배역을 정하다

They are **casting** extras and people with special skills and talents.

그들은 단역 배우들과 특별한 기술과 재능을 가진 사람들을 뽑고 있어요.

trailer
[tréilər]

ⓝ (영화의) 예고편

I saw a **trailer** for the original version of the film.
나는 영화 원작 본의 예고편을 봤어요.

subtitle
[sʌ́btàitl]

ⓝ 자막

I'd rather watch a movie with **subtitles** than one dubbed into Korean. 나는 한국어로 더빙된 것보다 자막이 있는 영화를 보는 것이 좋아요.

◀ 친절한 보카샘

외국어로 된 영화의 대사를 해당 언어로 바꾸어 다시 녹음하는 것을 '더빙(dubbing)'이라고 하는데, 영화의 분위기와 음향을 있는 그대로 즐기는 것을 좋아하는 사람들은 더빙된(dubbed) 영화보다 자막이 있는(subtitled) 작품을 즐기기도 합니다.

script
[skript]

ⓝ (영화 등의) 대본

She has written the **scripts** for several successful plays.
그녀는 여러 개의 성공적인 연극의 대본을 썼어요.

◀ 친절한 보카샘

script의 유의어로 screenplay, scenario를 사용할 수 있어요.

restricted
[ristríktid]

ⓐⓓⓙ 제한된

This movie is **restricted** to adults only because it is too violent. 이 영화는 너무 폭력적이어서 어른들로만 (시청이) 제한되어 있어요.

◀ 친절한 보카샘

영화에 선정적이거나 폭력적인 장면들이 포함될 수 있는데, 부모님들의 적절한 가이드가 필요하겠죠? 미국의 영화 관람 등급은 다음과 같습니다.

- G(General Audiences): 전체 관람가
- PG(Parental Guidance Suggested): 어린이의 경우 보호자의 지도가 요구됨
- PG-13(Parents Strongly Cautioned): 부모의 강력한 주의가 요구되며 일부 내용이 13세 미만에게 부적합할 수 있음
- R(Restricted): 17세 미만의 경우 부모의 동반 필수
- NC-17(No Children Under 17 Admitted): 18세 미만 관람 불가

director
[diréktər]

ⓝ (영화 · 연극의) 감독, 연출자

The **director** received an award for his outstanding work.
그 감독은 훌륭한 작품으로 상을 받았어요.

✏️ 친절한 보카쌤

영화를 만드는 데는 다양한 감독의 역할이 필요합니다. 음향 감독(musical director), 촬영 감독(director of photography), 미술 감독(art director) 등이 있습니다.

gripping
[grípiŋ]

adj (마음 · 시선을) 사로잡는, 눈을 떼지 못하는

The movie was so **gripping** that I watched it three times.
그 영화가 너무 재미있어서 나는 그것을 세 번 봤어요.

✏️ 친절한 보카쌤

'흥미로운, 재미있는'의 의미가 있는 단어들은 interesting(재미있는, 흥미로운), fascinating(흥미로운, 매력적인), absorbing(몰입하게 만드는) 등으로 다양합니다. 이외에도 무서운 영화를 보면 스릴 넘치고 등골이 오싹한(spine-tingling) 영화도 있고, 감동적인(moving, touching) 영화도 있고, 지루한(boring) 영화도 있지요.

· This channel provides 13 **spine-tingling** Halloween thrillers.
  이 채널은 13편의 오싹한 Halloween 스릴러물을 제공합니다.
· It is the most **touching[boring]** story I've ever heard.
  그것은 내가 들은 것 중 가장 감동적인[지루한] 이야기예요.

오늘의 심화 어휘: 영화의 장르

action
액션

animation
애니메이션

adventure
모험

comedy
코미디

horror
공포

romance
로맨스

documentary
다큐멘터리

science fiction
공상 과학

Daily Review

3

여
가
생
활

A 우리말 뜻에 알맞은 단어를 연결해 보세요.

1 중간 휴식 시간	•	• ⓐ theater
2 극장	•	• ⓑ intermission
3 예행 연습하다	•	• ⓒ tragedy
4 커튼콜	•	• ⓓ rehearse
5 (연극 · 영화의) 출연자들	•	• ⓔ curtain call
6 비극	•	• ⓕ cast
7 제한된	•	• ⓖ trailer
8 예고편	•	• ⓗ restricted

B 대화의 빈칸에 들어갈 알맞은 표현을 찾아보세요.

A: Mom! My favorite ___1___ won the Oscar for his movie! It is the first non-English-language movie to win the best picture Oscar.

B: I know. It was also a ___2___ hit. Isn't it amazing?

A: They say English speakers are not used to movies with ___3___ , so I think its success is very special.

B: Right. Did you know that he paid attention to all the small details with his ___4___ and props? The movie is also based on his own ___5___ .

A: I didn't know you had so much knowledge about the movie.

B: The story was ___6___ . Also, as a Korean, I am so proud of him.

ⓐ subtitles　ⓑ script　ⓒ box office　ⓓ gripping　ⓔ director　ⓕ costumes

DAY 19

레저와 스포츠
운동도 하고, 건강도 챙기고

심판은 누구 편이야?

레저와 스포츠와 관련된 단어들은 여가를 즐기기 위해 빠질 수 없는 부분이지요? 오늘은 레저, 스포츠와 관련된 다양한 어휘와 쓰임에 대해 살펴봅시다.

workout
[wɔ́:rkàut]

ⓝ 운동

I'm going to the gym for a **workout**.

나는 운동을 하러 체육관에 가는 중이야.

keep fit

phr 건강을 유지하다

I jog everyday, and it **keeps** me **fit**.

나는 매일 조깅을 하고, 그것은 내 건강을 유지해 줘.

친절한 보카샘

'건강을 유지하다, 체력 관리를 하다'라는 표현으로 keep[stay] in shape, stay physically fit, keep one's figure를 사용할 수 있어요.

· A balanced diet is essential to **keeping in shape**.
  균형 잡힌 식단은 건강을 유지하는 데 필수적이에요.
· Amy works hard to **keeping her figure**.
  Amy는 몸매를 유지하기 위해 열심히 운동해요.

a big fan of

phr ~의 열성 팬

My mother is **a big fan of** American football.

우리 엄마는 미식축구의 열성 팬이에요.

친절한 보카샘

'아주 좋아하다, 관심이 많다'의 뜻으로 get a kick out of, have a great interest in, be keen on 등의 표현도 사용할 수 있어요.

· **I get a kick out of** racing cars. 나는 자동차 경주를 하는 것에 쾌감을 느껴.
· He **has a great interest in** watching soccer games.
  그는 축구 경기 관람에 큰 흥미가 있어요.
· She **is keen on** sports these days. 그녀는 요즘 운동에 열심이에요.

outdoor
[áutdɔ:r]

adj 야외의

Spring is a wonderful season for **outdoor** activities.

봄은 야외 활동을 하기에 좋은 계절이에요.

set up

phr 설치하다, 준비하다

Before going camping, I learned how to **set up** a tent.

캠핑하러 가기 전에 나는 텐트를 설치하는 방법을 배웠어요.

친절한 보카쌤

'텐트를 치다'라고 할 때 pitch a tent, put up a tent를 사용하기도 합니다. '텐트를 걷는다'라는 표현으로는 take down a tent, strike a tent를 사용해요.

equipment
[ikwípmənt]

n (운동) 장비

What sporting **equipment** do you need for the sports event? 스포츠 행사에 어떤 운동 장비가 필요하나요?

친절한 보카쌤

sport	equipment
baseball	bat, glove, ball, pads
tennis	racket, balls, net
skiing	skis, sticks, ski suit, ski boots
ice hockey	sticks, skates, puck

athletics
[æθlétiks]

n 운동 경기, 육상 경기

She is a volunteer coach in youth **athletics**.

그녀는 청소년 운동 경기의 자원봉사 코치입니다.

친절한 보카쌤

athletics는 미국에서 '운동 경기'라는 뜻으로, athletic sports를 가리킵니다. 영국에서는 이와는 조금 다르게 '육상 경기(track and field)'라는 뜻으로 사용됩니다. '운동선수'는 athlete라고 하지요.

competition
[kàmpitíʃən]

n 경기, 시합

She won first prize in the swimming **competition**.

그녀는 수영 경기에서 1등 상을 받았어요.

n 경쟁

We are in **competition** with four other companies.

우리는 네 개의 다른 회사들과 경쟁 중이에요.

tie
[tai]

ⓝ 무승부, 동점

A: Who won the soccer game? 누가 축구 경기에서 이겼니?

B: Nobody. It was a **tie**. 아무도 안 이겼어. 무승부였어.

 친절한 보카샘

무승부를 나타낼 때 draw도 쓰이며, tie나 draw는 동사로 사용되기도 해요.
- We **drew** 3-3. 우리는 3대 3으로 비겼어요.
- England **tied** 2-2 with France. 영국은 프랑스와 2대 2로 비겼어요.

'이기다'라는 표현은 win, beat를 사용하고, '지다'는 lose를 사용해요.
- Korea **beat** Australia 2-1. 한국은 호주를 2대 1로 이겼어요.
- Australia **lost** to Korea 2-1. 호주가 한국에 2대 1로 졌어요.

break a[the] record

phr 기록을 깨다

I think she will **break a record** for running this year.

나는 그녀가 올해 달리기 기록을 깰 것으로 생각해요.

cheer on

phr ~을 응원하다

Soccer fans are ready to **cheer on** the national team.

축구 팬들은 국가 대표 팀을 응원할 준비가 되어 있어요.

친절한 보카샘

cheer는 '환호성을 지르다', '환영하여 소리치다'의 의미이고, cheer on은 환호성을 통해 상대방을 응원해 준다는 의미입니다. cheer up은 '기운을 내다', '~을 격려하다'의 의미로 낙담한 상황에서 기운을 내거나 위로를 할 때 사용하는 표현이지요.
- We **cheered** as the winner waved his hands.
  우리는 우승자가 손을 흔들었을 때 환호성을 질렀어요.
- **Cheer up**! You will do better next time. 힘내! 다음에 더 잘할 수 있을 거야.

spectator
[spékteitər]

ⓝ (스포츠 행사의) 관중

Our team defeated them in front of over 1,000 **spectators**.

우리 팀은 1,000명이 넘는 관중 앞에서 그들을 이겼어.

referee
[rèfərí:]

ⓝ 심판

The **referee** blew the whistle and the football match began.
심판이 호루라기를 불자 축구 경기가 시작되었어요.

> **친절한 보카샘**
>
> 경기의 종류에 따라 심판을 다르게 부른답니다. 축구, 농구, 하키 등 대부분 경기에서
> 는 심판을 referee라고 합니다. 하지만 야구에서는 umpire라고 해요. first base
> umpire(1루 심판), second base umpire(2루 심판)와 같이 사용하지요. 테니스
> 와 같은 구기 종목에서의 '선심'은 linesman이라고 한답니다.

stadium
[stéidiəm]

ⓝ 경기장, 스타디움

The World Cup **Stadium** was built for the 2016 FIFA World
Cup. 월드컵 경기장은 2016 FIFA 월드컵을 위해 지어졌습니다.

> **친절한 보카샘**
>
> stadium은 관람석으로 둘러싸인 경기장을 말하며, 육상 경기장, 야구장, 축구장 등
> 으로 사용되는 경기장이랍니다. 육상을 위한 track이나 야구, 축구를 위한 field를 갖
> 추고 있지요. 배구(volleyball)와 농구(basketball) 같은 경기는 court에서, 권투
> (boxing)는 ring에서, 아이스하키(ice hockey)는 rink에서 진행된답니다.

오늘의 심화 어휘: 야외 레저 활동

go camping 캠핑가다	**go jogging** 조깅하다	**fly a kite** 연을 날리다
go hiking 하이킹가다	**do gardening** 정원을 가꾸다	**take pictures** 사진을 찍다
go fishing 낚시를 가다	**do rock climbing** 암벽을 등반하다	**play golf** 골프를 하다

Daily Review

Ⓐ 우리말 뜻에 알맞은 단어를 연결해 보세요.

1 설치하다, 준비하다 •   • ⓐ workout

2 건강을 유지하다 •   • ⓑ keep fit

3 운동 •   • ⓒ outdoor

4 야외의 •   • ⓓ set up

5 운동 경기 •   • ⓔ equipment

6 기록을 깨다 •   • ⓕ athletics

7 (운동) 장비 •   • ⓖ break a record

8 ~을 응원하다 •   • ⓗ cheer on

Ⓑ 대화의 빈칸에 들어갈 알맞은 표현을 찾아보세요.

A: Did you watch the soccer game last night? I'm sure you didn't miss it because you are ___1___ it.

B: I did. I couldn't believe the game was a ___2___ .

A: It was like the ___3___ was a member of the other team.

B: I agree. He made the ___4___ really tough. I should have been at the ___5___ and done something!

A: Calm down. The ___6___ were upset and the coach appealed, but nothing changed.

B: I know. I just can't go along with the result.

> ⓐ tie   ⓑ referee   ⓒ stadium   ⓓ a big fan of   ⓔ competition   ⓕ spectators

DAY 20

파티
오늘도 파티? 파티!

파티 준비하는 데 뭐가 필요하지?

파티에 관해 이야기를 나누려면 어떤 단어들을 알아두는 것이 좋을까요? 우리나라와는 다른 다양한 파티 문화에 대해 알아보고 관련된 어휘와 쓰임에 대해 살펴봅시다.

celebrate
[séləbrèit]

ⓥ 축하하다, 기념하다

Let's **celebrate** our first anniversary together!

우리의 첫 기념일을 함께 축하합시다!

throw a party

phr **파티를 열다**

We are going to **throw a** surprise **party** for our mom.

우리는 엄마를 위해 깜짝 파티를 열 거야.

🎤 친절한 보카샘

throw a party는 have a party, give a party, hold a party 등으로도 표현할
수 있어요.

invitation
[ìnvitéiʃən]

ⓝ 초대; 초대장

My answer to your **invitation** is "Yes!"

너의 초대에 대한 나의 대답은 "응!"이야.

🎤 친절한 보카샘

영어권에서 보내는 초대장에 RSVP이라는 단어가 쓰여 있어요. 이는 프랑스어
répondez s'il vous plaît라는 말의 첫 단어를 따서 만든 약자이고, 'Please,
reply.(답장해 주세요.)'의 의미이지요. 준비할 음식이나 물품의 양을 파악하기 위해
미리 참석 여부를 묻는 것이에요. 따라서 RSVP 요청이 오면, 참석 여부를 알려 주
는 것이 좋습니다. Regrets only라고 기재되어 있는 때도 있는데, 이때에는 참석
하지 못하는 경우에만 답장하면 됩니다. '초대를 수락하다'라는 표현은 accept the
invitation이고, '초대를 거절하다'는 decline[turn down] the invitation입니다.

decoration
[dèkəréiʃən]

ⓝ 장식; 장식품

I bought a party **decoration** kit for my daughter's birthday
party. 저는 딸의 생일 파티를 위해서 파티 장식 키트를 샀어요.

🎤 친절한 보카샘

파티를 준비하는 데에 파티 장식품들이 필요하겠죠? banner(현수막), balloons(풍
선), streamer(색 테이프), table cloth(식탁보), party hat(파티 모자), bows(리본),
confetti(뿌리는 색종이 조각) 등으로 파티 분위기를 낼 수 있을 것입니다.

attend
[əténd]

ⓥ 참석하다

She **attended** the party with her husband.

그녀는 남편과 함께 파티에 참석했어요.

potluck
[pátlʌ́k]

ⓝ 각자 음식을 조금씩 마련해 가지고 와서 나누어 먹는 음식

I brought a Korean dessert to the **potluck** party.

저는 각자 음식을 가져오는 파티에 한국식 후식을 가지고 왔어요.

🎤 친절한 보카쌤

미국에서는 가족, 친구, 지인들과 함께 모여 potluck party를 종종 즐깁니다. 음식을 담아오는 그릇(pot)에 행운(luck)이 있고 그 행운을 나눈다는 의미가 있습니다. 행운(luck)보다는 축복(bless)을 믿는 기독교인들은 potbless라고 부르기도 합니다. 이러한 형태의 파티를 통하여 음식을 맛보며 오랜 시간 동안 천천히 대화를 나누는 미국 문화를 잘 엿볼 수 있습니다. 손님들은 주로 샐러드, 샌드위치, 스파게티, 피자, 쿠키, 미트볼 등을 요리해 갑니다.

catering service

ⓟʰʳ 출장 연회 서비스

We used a **catering service** for our company event.

우리는 회사 행사를 위해 출장 연회 서비스를 이용했어요.

goody bag

ⓟʰʳ 선물 주머니, 답례품

We will provide a **goody bag** to every child for Christmas.

우리는 크리스마스에 모든 아이에게 선물 주머니를 제공할 것입니다.

🎤 친절한 보카쌤

미국에서는 파티가 끝나고 나면 작은 선물 주머니를 주는 경우가 있는데, 이를 goody bag[goodie bag]이라고 합니다. 주로 아이들을 위한 과자나 사탕, 학용품 등이 든 봉지를 가리킵니다. 파티를 기념으로 주는 작은 선물이라는 뜻에서 party bag, party favor라고도 해요. 또한, 기업에서 상품을 홍보하기 위해 나누어 주는 견본품을 goody bag이라고 하기도 합니다.

feast
[fi:st]

ⓝ 연회, 잔치

The rich man in our town prepared a **feast** for all the villagers. 우리 마을의 부자가 모든 마을 사람들을 위해 연회를 준비했어요.

🎙️ 친절한 보카샘

feast는 사람들이 모여서 먹고 마시는 잔치를 의미하며, banquet은 국빈, 대통령 만찬과 같은 공식적으로 행해지는 연회를 의미한답니다. feast는 '연회'라는 의미 외에도 '축제'라는 뜻으로도 사용되며, 동사로는 '잔치를 베풀다, 즐겁게 하다'라는 의미로 쓰여요.

venue
[vénju:]

ⓝ (파티 · 행사 등을 위한) 장소

This wedding **venue** can hold up to 200 people.
이 결혼식 장소는 200명까지 수용할 수 있어요.

wet blanket

🅟🅗🅡 분위기를 깨는 사람

Don't invite Jack. He is such a **wet blanket**.
Jack은 초대하지 마. 분위기를 깨는 사람이니까.

🎙️ 친절한 보카샘

분위기를 깨서 어색하고 조용한 순간을 '찬물을 끼얹다'라고 하지요? 분위기가 달아오를 때 젖은 담요를 던지면 분위기가 완전히 깨져 버리는 것처럼 throw a wet blanket이라는 표현을 사용하면 된답니다. '다른 사람의 흥을 깨는 사람'이라는 의미로 killjoy, party pooper, spoilsport라는 표현을 사용하기도 합니다. 파티에서 흥을 깨는 사람이 아니라 흥을 돋우는 사람이어야 환영받을 수 있겠죠?

blow out

🅟🅗🅡 (불을 불어서) 끄다

Let's make a wish before **blowing out** the candles.
촛불을 끄기 전에 소원을 빌자.

🎙️ 친절한 보카샘

blow 동사 뒤에 오는 부사[전치사]에 따라 의미가 다양해집니다.
- blow away(불어 날리다): It will not **blow away** in the wind.
  그것은 바람에 날아가지 않을 거예요.
- blow in(불쑥 나타나다): My friend just **blew in** a few minutes ago.
  내 친구가 몇 분 전에 불쑥 나타났어요.
- blow up(폭파하다): The bomb is going to **blow up**.
  폭탄이 폭파할 거예요.

bachelor party

phr 독신 총각 파티(남자들만의 독신 송별 파티)

Sometimes the **bachelor party** lasts for more than one evening. 때때로 독신 총각 파티는 하룻밤 넘게 계속됩니다.

친절한 보카샘

주로 결혼식 전날, 결혼 전 마지막으로 자유의 날을 즐기려는 신랑의 친구들이 주선하는 남자들만의 파티를 bachelor party라고 합니다. a stag weekend, stag do, stag party라고도 합니다. 결혼하기 전에 신부와 신부 친구들이 즐기는 여성들만의 파티는 bachelorette party라고 하지요.

baby shower

phr 베이비 샤워(출산을 앞둔 임신부에게 열어 주는 아기용 선물 파티)

How about buying a diaper bag as a **baby shower** gift?
베이비 샤워 선물로 기저귀 가방을 사는 게 어때?

친절한 보카샘

- shower에는 '(예비 신부 · 임신 축하) 선물 파티'라는 의미가 있는데, 여자 친구들이 결혼 직전의 신부에게 줄 선물을 가지고 모이는 것을 bridal shower라고 합니다.
- 가까운 가족이나 친구들에게 뱃속 아기의 성별을 처음으로 공개하기 위한 파티는 gender reveal party라고 합니다.

오늘의 심화 어휘: 파티의 종류

garden party 가든파티	**housewarming party** 집들이	**cocktail party** 칵테일파티	**going-away party / farewell party** 송별회

sip and see party 신생아를 축하하는 파티	**costume party** 가장[변장] 파티	**graduation party** 졸업 파티	**fundraising party** 기금모금[자선] 파티

Daily Review

A 우리말 뜻에 알맞은 단어를 연결해 보세요.

1 독신 총각 파티 •   • ⓐ celebrate

2 (불을 불어서) 끄다 •   • ⓑ attend

3 축하하다, 기념하다 •   • ⓒ feast

4 참석하다 •   • ⓓ venue

5 연회, 잔치 •   • ⓔ blow out

6 (파티 등을 위한) 장소 •   • ⓕ bachelor party

B 대화의 빈칸에 들어갈 알맞은 표현을 찾아보세요.

A: Sophia is moving out of town next month. Why don't we ___**1**___ for her?

B: Oh, is she? A going-away party is a great idea. I can write the ___**2**___ cards and prepare some food.

A: Actually, I'm thinking of having a(n) ___**3**___ party. Some of her closest friends can bring food to share.

B: Okay. I'd like to put up some party ___**4**___.

A: Great idea. Last time, balloons and streamers made our ___**5**___ bright and lovely. What about ___**6**___?

B: I don't think we have to prepare those. I will prepare a farewell present just for her.

ⓐ potluck	ⓑ invitation	ⓒ decorations
ⓓ throw a party	ⓔ baby shower	ⓕ goody bags

DAY 21 Vocabulary Check
여가생활

Ⓐ 우리말 뜻에 해당하는 표현의 기호를 쓰세요.

1 _____ 박수갈채하다
2 _____ 걸작, 명작
3 _____ 흥미진진한 책
4 _____ 제한된
5 _____ 송별회
6 _____ 비평가
7 _____ 고전적인

- ⓐ masterpiece
- ⓑ page-turner
- ⓒ classical
- ⓓ applaud
- ⓔ restricted
- ⓕ going-away party
- ⓖ critic

Ⓑ 빈칸에 들어갈 알맞은 표현을 고르세요.

1 The first _____ was published in 2007.
   ⓐ volume   ⓑ stadium   ⓒ potluck

2 Serena painted a nice _____ of her father.
   ⓐ landscape   ⓑ craft   ⓒ portrait

3 Losing weight requires a balanced diet and regular _____.
   ⓐ workouts   ⓑ biographies   ⓒ subtitles

4 He is called a _____ just because he doesn't drink alcohol.
   ⓐ goody bag   ⓑ wet blanket   ⓒ box office

ⓒ 알맞은 단어를 골라 문장을 완성하세요.

> ⓐ release ⓑ climax ⓒ conductor ⓓ referee ⓔ invitation

1 He is a composer and _____ of film music.

2 The _____ of the new movie is delayed until the end of this year.

3 Thank you for your _____ to the cocktail party. I'd love to come.

4 The _____ should be close enough to see the play without interfering with the play.

5 In a plot line, the _____ occurs after the rising action and before the falling action.

ⓓ 우리말 뜻에 맞게 문장을 완성하세요.

1 Legolas is my favorite _____ in this movie.
   Legolas는 이 영화에서 내가 가장 좋아하는 등장인물이에요.

2 What should I bring for the _____ party?
   집들이에 무엇을 가지고 가야 할까요?

3 Jan Jacque reflected the history of _____ art in his work.
   Jan Jacque는 현대 미술의 역사를 그의 작품에 반영했어요.

4 We can still _____ the holidays, even without a parade.
   우리는 퍼레이드가 없어도 여전히 휴일을 기념할 수 있습니다.

3

여가생활

CHAPTER

4

인터넷과 미디어

CHAPTER 4
인터넷과 미디어

DAY
22

컴퓨터
이 시대의 필수품

파일은 주기적으로 저장하자!

컴퓨터가 없는 시대로 우리가 다시 돌아갈 수 있을까요? 인류의 삶은 이미 컴퓨터에 종속되어 있는데요.
오늘은 컴퓨터 및 컴퓨터 사용. 관련 주변 기기 등과 관련된 어휘들을 배워 봅시다.

turn on

phr (전자 제품 · 전기 등을) 켜다

Connect the printer first and **turn on** your computer.

프린터를 먼저 연결하고 너의 컴퓨터를 켜.

📢 친절한 보카샘

turn on과 비슷한 의미의 표현으로는 switch on, 반대의 의미를 가지는 표현으로는 turn off, switch off(끄다) 등이 있어요.

---

device
[diváis]

n 장치, 기구

You can freely put all these files on your USB memory **device**.

당신의 USB 메모리 장치에 이 모든 파일들을 자유롭게 담아갈 수 있어요.

---

laptop
[lǽptɑːp]

n 휴대용 컴퓨터, 노트북

This **laptop** drives me crazy! It freezes up on me all the time.

이 휴대용 컴퓨터가 미치게 만드네! 내가 쓸 때마다 시도 때도 없이 멈춰 버려.

📢 친절한 보카샘

흔히 laptop을 notebook이라고 부르는데 원래 notebook은 '공책'이라는 의미입니다.

■ desktop computer: laptop처럼 휴대용으로 들고 다니는 컴퓨터가 아니라 책상에 고정시켜 놓고 쓰는 컴퓨터를 의미합니다.

■ tablet PC: 주로 touch screen을 사용하는 개인용 컴퓨터를 의미해요.

---

portable
[póːrtəbl]

adj 휴대용의

Smart phones are more than just phones; they are like small **portable** computers.

스마트폰은 전화 이상이야. 마치 작은 휴대용 컴퓨터 같아.

📢 친절한 보카샘

■ digital native: 태어나면서부터 디지털 기기에 둘러싸여 성장한 세대를 일컫는 말로 각종 portable 기기를 가지고 다니며 기기 사용에 능숙한 'Z세대'를 일컫는 말이에요.

break down

phr 고장 나다

I don't know the reason, but my tablet PC seems to **break down** at least twice a month.

이유는 모르겠는데, 내 태블릿 PC가 한 달에 적어도 두 번은 고장 나는 것 같아.

🖌 친절한 보카샘
- breakdown 고장, 파손
- out of order, on the blink 고장이 난
- freeze up (기계 등의) 작동이 멈추다

install
[instɔ́ːl]

v (새 프로그램 · 장비 · 가구 등을) 설치하다

If you're going to play online games, you should **install** this program.

온라인 게임을 하려면, 너는 이 프로그램을 설치해야만 해.

compatible
[kəmpǽtəbl]

adj 호환 가능한, 양립 가능한

Unfortunately, this software is not **compatible** with existing operating systems.

안타깝게도, 이 소프트웨어는 기존의 운영 체제와 호환이 되지 않아요.

🖌 친절한 보카샘
- compatibility 호환성, 양립 가능성
- comparable 비슷한, 비교할 만한
- incompatible 호환성이 없는, 양립 불가능한

electronic
[ilektránik]

adj 전자의, 전자 장비와 관련된

Using **electronic** devices is not allowed while the musical is going on.

뮤지컬이 진행되는 동안에는 전자 기기 사용이 허용되지 않습니다.

paste
[peist]

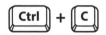

ⓥ 붙여 넣다

I gave you a failing grade because you just copy and **pasted** everything.

네가 단지 복사하고 붙여 넣기만 했기 때문에 나는 너한테 낙제점을 주는 거야.

📢 친절한 보카샘

paste는 원래 '반죽'이라는 뜻을 가지고 있어요. 또 '풀로 붙이다'라는 의미로도 사용됩니다.

- copy and **paste** 복사하고 붙여 넣기
- cut and **paste** 잘라 붙이기

back up

phr (자료·파일 등을) 저장하다

This software **backs up** temporary files periodically.

이 소프트웨어는 임시 파일을 주기적으로 저장합니다.

📢 친절한 보카샘

back up은 '뒷받침하다, 지원하다'의 의미로도 사용됩니다.

- The writer **backs up** his opinion with some examples.
  작가가 자신의 주장을 몇 가지 예를 들어 뒷받침하고 있습니다.
- backup 저장, 후보[대체] 선수
- backup file 백업 (파일)
- recover a file 파일을 복원하다

access
[ǽkses]

ⓝ 접속, 입장

All the rooms have **access** to the internet.

모든 객실에서 인터넷 접속이 가능합니다.

sign in

phr 로그인하다

Tap here to **sign in** and open your messages.

여기를 눌러 로그인하고 메시지를 열어 보세요.

📢 친절한 보카샘

sign in은 사람이 컴퓨터 프로그램이나 웹사이트 아이디와 비밀번호 등을 입력하여 사용자임을 알리는 것을 의미해요. sign in, sign on 모두 사용 가능합니다. 접속을 끊을 때는 sign out[off]을 사용합니다. sign 대신 log를 써서 log in[on], log out[off]을 쓸 수도 있어요.

account
[əkáunt]

ⓝ 이용 계정

If you want to keep using this service, create a new **account**. 이 서비스를 계속 이용하고 싶으시다면, 새로운 계정을 만드세요.

🔊 친절한 보카쌤

account는 '계정' 이외에도 '계좌; 이유; 이야기' 등의 다양한 의미를 가져요.
- dormant **account** 휴면 계정   - bank **account** 은행 계좌
- a full **account** of the accident 사건에 대한 전체 이야기

digital
[dídʒitəl]

adj 디지털 방식의

Devices are rapidly changing from analog ones to **digital** ones. 장치들이 아날로그에서 디지털로 빠르게 변하고 있는 중입니다.

🔊 친절한 보카쌤

digital은 손가락으로 숫자를 셀 때, 하나하나를 딱 떨어지게 셀 수 있듯이 한 자리씩 끊어서 표현하기 때문에 정확한 것이 특징이지요. 이와는 반대로 아날로그(analog)는 바늘이 있는 시계나 체중계에서처럼 연속된 값을 표현한답니다.

오늘의 심화 어휘: 컴퓨터 주변 장치들

peripheral
주변 장치

router
중계기

webcam
웹캠

video conference
화상 회의

track ball
마우스 대신 볼을 움직이는 장치

headphone
헤드폰

CPU(Central Processing Unit)
중앙 처리 장치

port adaptor
USB 포트 어댑터

joystick
게임 컨트롤러

microphone
마이크로폰

external hard drive
외장 하드

USB stick
USB 저장소

A 우리말 뜻에 알맞은 단어를 연결해 보세요.

1 (전자 제품을) 켜다 •   • ⓐ device

2 화상 회의 •   • ⓑ compatible

3 장치, 기구 •   • ⓒ portable

4 주변 장치 •   • ⓓ turn on

5 호환 가능한 •   • ⓔ video conference

6 전자의 •   • ⓕ electronic

7 휴대용의 •   • ⓖ peripheral

B 대화의 빈칸에 들어갈 알맞은 표현을 찾아보세요.

A: Ouch! All the files are gone.

B: Are you serious? Please ___1___ your files on a regular basis. You have a(n) ___2___ that can save more than 64 GB.

A: I should have done that. It's all my fault. First, I will ___3___ to the library site and search for the data again. I have to ___4___ certain programs to access the library site. It's annoying!

B: Take it easy. I will bring my ___5___ and help you out.

A: Thanks a lot. You're my savior.

B: Oh, my goodness! It doesn't ___6___. I think it broke down.

ⓐ sign in   ⓑ install   ⓒ laptop   ⓓ turn on   ⓔ back up   ⓕ USB stick

---

온라인 활동

오늘도 인터넷 중독

이메일 활용은 업무의 기본!

우리는 하루 종일 인터넷을 통해 기사를 검색하고, 쇼핑을 하고, 이메일을 보내고 여러 가지 일을 합니다. 오늘은 인터넷 검색이나 이메일 쓰기와 같은 온라인 활동과 관련된 어휘들에 대해서 공부해 봅시다.

surf
[səːrf]

ⓥ 인터넷 서핑을 하다

Tom, I think you spend too much time **surfing** the internet. Tom, 인터넷 서핑에 너무 많은 시간을 보내고 있는 것 같구나.

친절한 보카샘

- **surf** the internet[net] 인터넷을 검색하다
- internet[web] **surfing** 인터넷 검색

surf 대신 navigate나 browse도 '인터넷 사이트를 돌아다니다'라는 의미를 가집니다.

bookmark
[búkmɑːrk]

ⓝ 즐겨찾기

Unfortunately, the **bookmark** folder disappeared when I reset my computer.

안타깝게도, 내가 컴퓨터를 리셋하면서 즐겨찾기 폴더가 사라졌어.

친절한 보카샘

bookmark는 원래 '책갈피'라는 뜻으로, 인터넷에서 사용할 때는 다시 방문하고 싶은 웹사이트의 주소를 등록해 놓고 추후 리스트에서 바로 찾아갈 수 있게 하는 기능을 의미해요. 또한, bookmark 자체가 동사로도 사용되어요.

register
[rédʒistər]

ⓥ 등록하다; 신고하다

If you would like to get more information, please **register** on our website.

더 많은 정보를 원하신다면, 우리의 웹사이트에 등록하세요.

친절한 보카샘

ID, 비밀번호와 같은 정보를 입력할 경우는 enter를 사용합니다.
· **Enter** your password. 당신의 비밀번호를 입력하시오.
- registration (공식적인) 등록, 기록, 명부

search (for)

ⓟⓗⓡ 찾다, 탐색하다

I have been **searching for** useful sources for about an hour, but there's nothing.

나는 유용한 자료를 거의 한 시간째 찾고 있는 중인데, 아무것도 없네.

portal site

News Portal

phr 포털 사이트

I can upload my cartoon on a major **portal site** every week. 내 카툰을 주요 포털 사이트에 매주 올릴 수 있게 되었어.

친절한 보카샘

'포털 사이트'는 입구가 되는 사이트란 뜻으로, 수많은 사이트를 특정한 분류에 따라 정해 놓고 주소를 링크시켜 사용자들이 원하는 곳을 쉽게 찾아갈 수 있도록 만든 사이트를 의미해요.
- portal 정문, 입구
- site 위치, 장소

---

streaming
[strí:miŋ]

ⓝ 연속 재생, 스트리밍

Netflix became one of the best **streaming** services due to a huge amount of videos.

엄청난 양의 영상이 Netflix를 최고의 연속 재생 서비스 중의 하나로 만들었어요.

친절한 보카샘

stream은 동사로 '계속 흐르다'라는 의미를 가집니다. streaming은 인터넷에서 음성이나 영상, 애니메이션을 연속적으로 전송하여 실시간으로 재생하는 것을 가리키며 Netflix, 왓챠, 멜론과 같은 서비스들이 streaming 서비스입니다.

---

addiction
[ədík∫n]

ⓝ 중독

I think you should take an internet **addiction** test.

내 생각에 너는 인터넷 중독 검사를 해봐야 할 것 같아.

---

cyberbullying
[sáibərbuliiŋ]

ⓝ 사이버 폭력

Schools should provide students guidance for how to deal with **cyberbullying**.

학교는 사이버 폭력에 대처하는 방법에 대한 학생 지침을 제공해야 합니다.

친절한 보카샘

'사이버 폭력'은 사이버 공간에서 개인에게 가하는 폭력을 가리키는 것으로, 문자로 괴롭히기, 악플 달기, 단체 채팅방에서 괴롭히기 등이 사이버 폭력의 예입니다. 사이버 폭력에 의한 희생양은 보통 victim이라는 용어를 사용해요.
- cyber 가상 공간
- bully 괴롭히다
- online predator 온라인 범죄자
- cyber police 사이버 경찰

reply
[riplái]

ⓥ 응답하다
Jane was not sure how to **reply** to his unexpected offer.
Jane은 그의 뜻밖의 제안에 어떻게 응답해야 할지를 몰랐습니다.

ⓝ 응답, 대답
I asked my boss to send me some advice, but there was no **reply**. 나는 상사에게 조언을 좀 달라고 요청했지만, 아무 대답이 없었어.

---

inbox
[ínbɑːks]

ⓝ (이메일의) 받은 편지함
I have a hundred of new messages in my **inbox**.
내 받은 편지함에 100개 정도의 새 메시지들이 있어.

🎙 친절한 보카샘
- outbox 보낸 편지함

---

send
[send]

ⓥ 보내다
My mom **sent** me major textbooks by airmail.
엄마가 전공 서적들을 항공 우편으로 보내 주셨어요.

🎙 친절한 보카샘
- forward 다시 전달하다
- dispatch (편지, 소포 등을) 발송하다
- receive an email 이메일을 받다

---

attachment
[ətǽtʃmənt]

ⓝ 첨부 파일
I'm sorry for having sent you the wrong **attachment** earlier. 먼젓번에 잘못된 첨부 파일을 보냈었던 것에 대해 사과합니다.

🎙 친절한 보카샘
attachment는 '첨부 파일' 외에 '애착; 믿음, 지지'라는 의미로도 많이 쓰여요.
· A child has a strong **attachment** to its parents.
아이들은 부모에게 강한 애착을 가집니다.
- attach 붙이다, 첨부하다
- detach 떼다, 분리되다

spam mail

phr 스팸 메일

Oh, no! I'm sick and tired of these annoying **spam mails**.

이런! 이 성가신 스팸 메일이 정말 진절머리 나.

친절한 보카쌤

1970년대에 BBC에서 방영한 한 코미디 쇼에서 스팸이란 이름이 들어간 음식만 파는 식당이 나오고, 극중 인물들이 그 식당에서 끊임없이 스팸을 외쳤다고 합니다. 그 이후로 '무분별한 공해'를 뜻하는 말로 스팸을 사용하게 되었다고 하네요. 다른 표현으로는 junk(쓰레기) mail도 있어요. 원치 않는 광고를 불특정 다수에게 전달하는 방식은 spamming이라고 해서 spam 자체가 동사처럼 사용되기도 한답니다.

address

[ǽdres]

n 주소

If you want an application form, write down your email **address** on the list.

이력서 양식을 원하시면, 리스트에 당신의 이메일 주소를 적어 주세요.

친절한 보카쌤

address는 명사, 동사 둘 다 쓰일 수 있는데 '연설; 연설하다'라는 의미도 가지고 있습니다.

▪ the President's inaugural **address** 대통령의 취임 연설

오늘의 심화 어휘: 이메일 용어

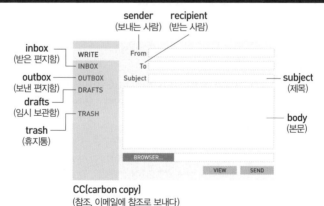

Daily Review

A 우리말 뜻에 알맞은 단어를 연결해 보세요.

1 보낸 편지함 •   • ⓐ streaming

2 등록하다 •   • ⓑ search for

3 임시 보관함 •   • ⓒ drafts

4 중독   •   • ⓓ outbox

5 즐겨찾기 •   • ⓔ bookmark

6 찾다   •   • ⓕ register

7 연속 재생 •   • ⓖ addiction

4

인터넷과 미디어

B 대화의 빈칸에 들어갈 알맞은 표현을 찾아보세요.

A: Amy, did you _____**1**_____ the email to Mr. Lee?

B: Yes, I did. I sent it with some _____**2**_____. But, there was no _____**3**_____.

A: Would you forward the email you wrote to me? I will send it to him again.

B: Of course, I will. Do you know his email _____**4**_____?

A: Yes, I do. Wait a moment! There is a new email in my _____**5**_____.

B: You've got a reply from him?

A: Oh, my! It's a(n) _____**6**_____. I am going to block it.

ⓐ send	ⓑ attachments	ⓒ reply
ⓓ inbox	ⓔ address	ⓕ spam mail

DAY 24

스마트폰
스마트 시대의 소통 방법

현실 속 흔한 남매의 소통법

현대 사회에서는 스마트폰이 일반 전화, TV, 컴퓨터 등의 모든 기능을 흡수하는 필수품이 되어 가고 있는데요. 오늘은 각종 전화 용어 및 스마트폰 관련 어휘들에 대해서 배워 봅시다.

make a (phone) call

phr 전화를 걸다

Would you **make a call** to my mom?

엄마한테 전화 좀 걸어 주실래요?

친절한 보카샘

- prank call 장난 전화
- missed call 부재중 전화
- collect call 수신자 부담 전화
- answer[get/have/receive/pick up] a (phone) call 전화를 받다
- call back 다시 전화하다
  I'll **call** you **back** later. 이따가 다시 전화할게.

put through

phr 전화로 연결해 주다

Can you **put** me **through** to the marketing department?

마케팅 부서로 연결해 주시겠어요?

친절한 보카샘

- connect 연결하다
  It's nice to **connect** with you! 당신과 연락하게 되어 기뻐요!
- get through (전화로 ~과) 연락이 닿다

hold
[hould]

v (수화기를 들고) 잠시 기다리다

A: May I speak to Mr. Johnson? Johnson 씨와 통화할 수 있을까요?

B: Please **hold**. 잠시 기다리세요.

친절한 보카샘

hang on, hold on, hold the line 모두 '잠시 기다리다'라는 의미예요.

off the hook

phr (전화를 받지 않으려고) 수화기를 내려놓다

I left the phone **off the hook** since I had to concentrate on my work.

나는 일에 집중해야 했기 때문에 수화기를 내려놓았어요.

hang up

phr 전화를 끊다

A: I don't want to talk to you more. 너랑 더 이상 이야기하기 싫어.

B: Don't **hang up**. We must talk! 전화 끊지 마. 우린 이야기를 해야 해!

친절한 보카샘

- put the phone down, ring off 전화를 중단하다
- cut off 통화를 중간에 방해하다
- break up 전화가 들리지 않다

speak up

phr 더 크게 말하다

Would you **speak up** a little? I can't hear you.

좀 더 크게 이야기 해 주시겠어요? 잘 안 들려요.

친절한 보카샘

speak up은 '소신 있게 말하다'라는 의미로도 쓰여요.

· Have the courage to **speak up**. 소신 있게 말할 수 있는 용기를 가지세요.

extension
[iksténʃən]

n 내선, 구내전화

Do you know Andy's direct **extension** number?

Andy의 직통 내선 번호를 알고 있니?

notification
[nòutəfikéiʃən]

n 알림, 통지

I got so many **notifications** on my phone today.

나는 오늘 휴대폰 알림을 엄청 많이 받았어.

친절한 보카샘

- notify 알리다, 통지하다
  Please **notify** me if there are any mistakes.
  틀린 부분이 있으면, 저에게 알려 주세요.
- advance[prior] notification 사전 통보

run out

phr 다 떨어지다, 닳다

My battery **is running out**. I have to charge my battery first before going on the trip.

배터리가 거의 다 떨어졌어. 나는 여행을 떠나기 전에 배터리를 먼저 충전해야겠어.

친절한 보카샘
- dead 죽은, 다 없어진
  Phone battery is **dead**. 전화 배터리가 다 닳았어.
- charge 충전하다　　　　　　■ charger 충전기
- high-speed charger 고속 충전기
- portable charger 휴대용[보조] 충전기

unlock
[ʌnlák]

Ⓥ 잠금을 해제하다, 열다

We have to enter a password to **unlock** the phone.

전화를 잠금 해제하기 위해서는 비밀번호를 입력해야만 해.

text
[tekst]

Ⓥ 문자 메시지를 보내다

My daughter is **texting** her friends all day.

내 딸은 온종일 친구에게 문자 메시지를 보내고 있어.

친절한 보카샘
- text message 문자 메시지
  I typed out a **text message** to my boss. 상사에게 문자 메시지를 보냈어.
- text a message 문자 메시지를 보내다
- leave a message 메시지를 남기다
- messaging app 인스턴트 메시징이 가능하게 하는 앱(카톡, 바이버, 스냅챗 등)

chat
[tʃæt]

Ⓥ (인터넷으로) 채팅하다, 담소를 나누다

She's been on the computer all night, **chatting** with her boyfriend. 그녀는 남자 친구와 채팅을 하며 밤새 컴퓨터에 붙어 있었어요.

친절한 보카샘
- talk, speak 담화를 하다, 이야기를 하다
- communicate 의사소통을 하다　　　　■ chatter 재잘거리다
- gossip 험담[남 얘기를] 하다

selfie
[sélfiː]

ⓝ 셀카, 스스로 찍은 사진

She posted a **selfie** taken at a restaurant on her Instagram.
그녀는 식당에서 찍은 셀카를 인스타그램에 올렸습니다.

◢ 친절한 보카샘

selfie는 self-portrait의 줄임말이라고 합니다. 각종 SNS에 자신의 사진을 올리는 게 유행하게 되면서 널리 퍼지게 된 신조어랍니다.
- selfie stick 셀카봉

silent
[sáilənt]

adj 무음의, 소리가 나지 않는

Please put your cell phone on **silent** before the performance starts. 공연이 시작되기 전에 휴대폰을 무음으로 하세요.

◢ 친절한 보카샘
- mute 무음의
- silent mode 무음 모드, 매너 모드
- vibration mode 진동 모드
- airplane mode 비행기 모드

오늘의 심화 어휘: 전화와 스마트폰

area code
지역 번호

roaming
로밍

SIM card
휴대전화 속의 개인 정보 카드

lock screen
잠금 화면

phone book
전화번호부

the line is busy
통화 중이다

PIN (Personal Identification Number)
개인 식별 번호

home screen
배경 화면

video call
영상 통화

wrong number
잘못 걸린 전화

pattern
양식, 패턴

swipe up
위로 살짝 문지르기

Daily Review

A 우리말 뜻에 알맞은 단어를 연결해 보세요.

1 무음의 • • ⓐ notification

2 전화를 끊다 • • ⓑ off the hook

3 잠금을 해제하다, 열다 • • ⓒ silent

4 알림, 통지 • • ⓓ unlock

5 내선, 구내전화 • • ⓔ extension

6 (전화를 받지 않으려) 수화기를 내려놓다 • • ⓕ hang up

B 대화의 빈칸에 들어갈 알맞은 표현을 찾아보세요.

1. **A**: This is Mary speaking. May I help you?

   B: This is Kevin from AC company. Would you ___**1**___ to Mr. Park?

   A: ___**2**___ a moment, please. Sorry, but he's on another line. Would you like to leave a message?

   B: That's OK. I will ___**3**___ back later.

2. **A**: Why aren't you answering my ___**4**___, Tony?

   B: I'm busy ___**5**___ with my girlfriend. Don't bother me.

   A: Let's order some food. There's nothing in the fridge.

   B: I see. I want cheese pizza.

   A: I want spicy chicken. Order them with the delivery app. And bring me a charger to my room. My battery is ___**6**___.

   B: Oh, my goodness! Stop bothering me!

ⓐ hold on	ⓑ put me through	ⓒ call
ⓓ running out	ⓔ text messages	ⓕ chatting

Answer A. 1 ⓒ 2 ⓕ 3 ⓓ 4 ⓐ 5 ⓔ 6 ⓑ
B. 1 ⓑ 2 ⓐ 3 ⓒ 4 ⓔ 5 ⓕ 6 ⓓ

4

인터넷과 미디어

DAY 25

해외 직구

쇼핑은 국경을 넘어

요즘 쇼핑 대세는 해외 직구!

요즘에는 가전제품부터 의류, 생필품 등 다양한 상품을 사람들이 해외 직구로 구매하는데요. 해외 직구에 있어 용어들이 어려워서 어려움을 겪는 경우가 많다고 합니다. 오늘은 여러 가지 해외 직구 관련 어휘들을 공부해 봅시다.

나 이 블루투스 스피커 order from overseas했어.

해외 직구? 와 멋진 걸! 근데 해외 직구 어렵지 않니?

아니, 전혀. 해외 사이트에서 마음에 드는 물건을 add to cart 하고 나서 place an order해. promotion code가 있으면 넣어서 할인 받아서 결제하면 돼.

여기까진 한국에서 온라인 쇼핑하는 거랑 동일하네.

그리고 국제 shipping fee를 결제하고. 물건이 한국에 도착하면 customs를 지불하고. 근데 단순 변심일 때의 반품은 힘들어. 국제 배송을 해야 해서 shipping fee가 만만치 않게 들거든.

아, 이 부분은 좀 헷갈리네.

곧 Black Friday와 Cyber Monday인데 너도 같이 해외 직구해 보자. 일단 직구 시작하면 너도 계속하게 될 걸? 한 번도 해외 직구 안 해 본 사람은 있어도 한 번만 하는 사람은 없다잖아. 일 년에 한 번 있는 기회야.

알았어, 한 번 시도해 볼게.

overseas
[òuvərsíːz]

adv 해외로, 해외에

Overseas direct purchase is the trend these days.

요즘에는 해외 직구가 대세야.

> ✏️ 친절한 보카샘
>
> overseas와 같은 의미의 단어로는 abroad가 있고, overseas는 형용사로 사용될 수도 있어요.
>
> ▪ **overseas** market 해외 시장
> ▪ foreign 외국의 ▪ international 국제적인
> ▪ order[buy] ~ from overseas[abroad] ~을 해외에서 구매하다

place an order

phr 주문을 넣다, 주문하다

I would like to **place an order** for five caffe lattes.

카페라테 5잔을 주문하고 싶습니다.

> ✏️ 친절한 보카샘
>
> order ⓥ 주문하다; 명령하다 ⓝ 주문; 명령; 순서
> ▪ order number 주문 번호
> ▪ order history 주문 내역
> ▪ order state 주문 상태

customs
[kʌ́stəmz]

ⓝ 관세; 세관

I already paid **customs** on what I bought in England.

나는 이미 영국에서 내가 샀던 것에 대해 관세를 지불했어.

> ✏️ 친절한 보카샘
>
> customs는 '관세'라는 의미 외에도 수출입 화물에 관세를 매기는 장소인 '세관'의 의미로도 쓰여요. custom일 경우는 '관습'이란 의미입니다.
> ▪ **customs** ID number 개인 통관 고유 번호
> ▪ tariff 관세

exchange rate

phr 환율, 외환 시세

Can you tell me the **exchange rate** for dollars to won?

달러-원 환율이 얼마인지 알려 주시겠어요?

add to cart

(phr) 장바구니에 넣다

Honey, I **added** all kinds of groceries **to cart**. All you have to do is to pay online.

여보, 각종 식료품을 장바구니에 넣어 놓았어요. 당신이 온라인으로 결제만 하면 돼요.

payment
[péimənt]

(n) 지불, 결제

Since we accept **payment** in installments, you don't need to pay a lot of money at once.

우리는 분할 지불도 허용하기 때문에, 한꺼번에 모든 돈을 지불할 필요가 없습니다.

🔖 친절한 보카쌤

- payment summary 결제 정보
- pay in cash[cheque] 현금[수표] 결제
- pay in advance 선불

cancel
[kǽnsəl]

(v) 취소하다

You can **cancel** your order freely within 10 days.

열흘 이내에는 주문을 자유롭게 취소할 수 있어요.

🔖 친절한 보카쌤

- cancellation 취소
- cancellation request 취소 요청
- cancellation fee 취소 수수료
- withdraw, revoke 취소하다, 철회하다

shipping
[ʃípiŋ]

(n) 배송; 해운; 선박

I arranged for the **shipping** of my piano to Germany.

저는 제 피아노가 독일로 배송될 수 있도록 처리했어요.

🔖 친절한 보카쌤

배송 관련 표현들을 익혀 봅시다.

shipping address 배송 주소	billing address 청구서 발송지
free shipping 무료 배송	shipping fee 배송비
shipping delay 배송 지연	shipping error 배송 오류

invoice
[ínvɔis]

ⓝ 송장, 청구서

I already received your **invoice** #257064 for the purchase of paper and ink. 종이와 잉크 구매에 대한 송장 #257064를 이미 받았습니다.

친절한 보카쌤

■ tracking number 배송 조회 번호, 송장 번호
■ bill 청구서, 계산서

back order

ⓟ 이월 주문, (재고가 없어) 처리 못한 주문

I'm sorry but the product is on **back order** until next month due to surge in demand.
죄송하지만 수요 폭증으로 상품이 다음 달까지 주문 처리가 안 됩니다.

친절한 보카쌤

back order는 판매자가 주문을 받을 당시에 재고가 없어서 제조사에 재주문을 해 상품을 받아와야 하는 상황을 의미해요.

4

인터넷과 미디어

warranty
[wɔ́(:)rənti]

ⓝ 품질 보증, 품질보증서

You can have your car repaired for free since it is still under **warranty**.
아직 품질 보증 기간이라 당신의 차를 무료로 수리받을 수 있어요.

clearance
[klí(:)ərəns]

ⓝ 재고 할인 판매

We are having our biggest yearly **clearance** sale this weekend. 이번 주말에 일 년에 한 번 있는 가장 큰 재고 할인 세일을 합니다.

친절한 보카쌤

■ volume discount 대량 구매 할인
■ special offer 할인 행사
■ additional sale 추가 할인
■ doorbuster, hot deal 짧은 시간에 정해진 상품을 아주 싸게 파는 것

Cyber Monday

phr 사이버 먼데이

Everyone is waiting for **Cyber Monday** to buy goods at a lower price.

모두가 물건을 더 저렴하게 사기 위해 사이버 먼데이를 기다리고 있어요.

친절한 보카샘

Black Friday는 미국에서 추수 감사절(11월 넷째 목요일) 다음 날인 금요일로, 1년 중 가장 큰 폭의 세일 시즌이 시작되는 날입니다. Cyber Monday는 미국에서 추수 감사절 연휴 이후의 첫 월요일을 말하며, 이때는 온라인 쇼핑 업체들이 집중적으로 할인 행사를 벌인다고 해요.

sales tax

Lorem I	11.90
Ipsum	1.20
Lorem Ipsum	0.40
AMOUNT	84.80
Sub-total	76.80
Sales Tax	8.00
Balance	84.80

phr 소비세, 판매세

Please note that the 6 percent **sales tax** is not included in the price. 6퍼센트의 소비세가 가격에 포함되어 있지 않다는 것에 주의하세요.

친절한 보카샘

sales tax는 물건을 구매할 때 발생하는 세금인 소비세입니다. 우리나라는 상품 가격 표기 시 소비세 포함 가격으로 적혀 있지만, 해외 사이트의 경우 소비세 포함 전 가격으로 되어 있는 경우가 많습니다.

오늘의 심화 어휘: 배송 및 해외 직구

COD(Cash On Delivery)
착불

return label
반송 송장

offload
항공사 사정으로 예정일보다
상품 배송이 지연되는 것

shipping agent
배송 대행업자

warehouse
창고

courier
택배 회사

credit
적립금

membership
회원권

parcel
소포

deliveryman
택배 기사

promo(tion) code
할인 코드

giveaway
증정품, 경품

Daily Review

(A) 우리말 뜻에 알맞은 단어를 연결해 보세요.

1 송장	•	• ⓐ sales tax
2 재고 할인 판매	•	• ⓑ invoice
3 지불, 결제	•	• ⓒ cancel
4 소비세	•	• ⓓ warranty
5 품질 보증	•	• ⓔ payment
6 환율	•	• ⓕ clearance
7 취소하다	•	• ⓖ exchange rate

(B) 대화의 빈칸에 들어갈 알맞은 표현을 찾아보세요.

A: I ordered this bluetooth speaker from ____1____.

B: Wow! It's from abroad? Looks gorgeous! I've never bought something from abroad. Isn't it difficult?

A: Not at all. Add goods you want to buy to cart and ____2____ on the foreign site. You can get discount if there is a(n) ____3____.

B: So far, it's the same as buying online in Korea.

A: And pay the international shipping fee. You may pay for ____4____ when the goods arrive in Korea. By the way, keep in mind that the refund is hard. The ____5____ is very expensive since it is an international delivery.

B: Um… it sounds tricky.

A: Black Friday and ____6____ are coming. It's a once-a-year chance. Give it a try!

> ⓐ shipping fee ⓑ Cyber Monday ⓒ place an order
> ⓓ promotion code ⓔ customs ⓕ overseas

DAY 26

매스 미디어
미디어의 홍수 속에서 살아남기

시사에 관심을 가지자!

매스 미디어는 TV, 신문, 잡지, 라디오 등 불특정 다수인 대중에게 정보를 전달하는 것을 의미합니다. 오늘은 언론, 뉴스, 방송 등과 관련된 다양한 어휘들에 대해 학습함으로써 미디어에 대한 이해력을 넓혀 보도록 합시다.

press
[pres]

ⓝ 언론

He has been heavily criticized by the **press** since he published his book.

그는 책을 출간한 이후에 언론에 의해 심하게 비판을 받아왔습니다.

> **친절한 보카샘**
>
> 주로 press 앞에 the를 붙여 언론, 언론인들, 언론계 등을 지칭하는 표현으로 쓰여요.
> ▪ **press** release 보도 자료　　▪ **press** conference 기자 회견

journalist
[dʒə́:rnəlist]

ⓝ 기자, 언론인

I am working as a **journalist** at an online newspaper company. 나는 온라인 신문사에서 기자로 일하고 있습니다.

> **친절한 보카샘**
>
> ▪ journal (특정 주제나 전문 분야를 다루는) 기사; 일기
> ▪ journalism 저널리즘 (기사거리를 모으고 기사를 쓰는 일)
> ▪ yellow journalism 선정적 언론
> ▪ reporter 기자　　　　▪ correspondent 특파원

cover
[kʌ́vər]

ⓥ 보도하다, 취재하다

A lot of reporters gathered here to **cover** the criminal case.

많은 취재진이 범죄 사건을 보도하기 위해 여기에 모였습니다.

ⓥ 다루다, 취급하다

This journal **covers** a wide range of topics.

이 저널은 다양한 주제를 다루고 있습니다.

article
[ɑ́:rtikl]

ⓝ 기사

I think this **article** reflects the public opinion very accurately. 나는 이 기사가 여론을 아주 정확히 반영하고 있다고 생각해.

> **친절한 보카샘**
>
> article과 관련된 다른 표현들도 알아봅시다.
>
> | | |
> |---|---|
> | headline 표제 | editor 편집자 |
> | editorial 사설 | leading article 사설, 논설 |
> | column 정기 기고란 | feature 특집 기사 |
> | scoop 특종 | |

bias
[báiəs]

ⓝ 편견

Reporters should not show any political **bias** toward events. 기자들은 사건에 대해 어떠한 정치적 성향도 보여서는 안 됩니다.

▸ 친절한 보카샘
- biased, one-sided, prejudiced, unfair 편향된, 불공평한
- prejudice 편견

breaking news

phr 뉴스 속보

Sorry for interrupting, but we have some **breaking news**.
중단해서 죄송하지만, 뉴스 속보가 있습니다.

broadcast
[brɔ́:dkӕst]

ⓥ 방송하다

The final match will be **broadcast** worldwide on TV.
결승전이 TV를 통해 전 세계로 방송될 것입니다.

▸ 친절한 보카샘
broadcast는 그 자체로 '방송'이라는 명사로도 사용됩니다. broadcast의 과거형과 과거분사형은 broadcast, broadcasted 둘 다 가능해요.
- broadcasting station 방송사
- live broadcast 생방송
- on air 방송 중인

announcer
[ənáunsər]

ⓝ 방송 진행자

I wanted to become a TV **announcer** when I was young.
저는 어렸을 때 TV 방송 진행자가 되고 싶었어요.

▸ 친절한 보카샘
- announce 발표하다, 알리다
- anchor 뉴스 진행자
- presenter 진행자, 발표자
- host 진행자
- newscaster[newsreader] 뉴스 진행자

current affairs

phr (정치적 · 사회적) 사건들, 시사

You need to read the news everyday to keep up with the **current affairs**.

시사에 뒤처지지 않으려면, 매일 뉴스를 읽을 필요가 있습니다.

친절한 보카쌤

current는 '현재의'라는 의미의 형용사이며, affair는 '일, 사건'이란 의미인데 복수 형태로 affairs로 쓰일 경우는 공적으로 중요하거나 관심사가 되는 일을 주로 가리켜요. current affairs는 일어나고 있는 다양한 사회적 문제들을 주로 가리킬 때 쓰는 말입니다. current events라고 할 수도 있어요.

celebrity
[səlébrəti]

n 유명 인사

Because of the YouTube video he posted, he became a **celebrity** overnight.

그가 올린 YouTube 영상 덕분에 그는 하루 만에 유명 인사가 되었어요.

친절한 보카쌤

celebrity는 주로 TV, 영화 등 엔터테인먼트 분야에서 유명한 사람을 가리키는 말이며, 좀 더 비격식적으로는 celeb이라고 해요. public figure라는 단어도 있는데, 이는 사회에 끼치는 영향력이 큰 유명인이라는 의미로 많이 쓰여요.

off the record

phr 비공개를 전제로 (하는 말인데)

It's **off the record**, but I disagree with the government's position on this matter.

비공개를 전제로 말하는 건데, 저는 이 문제에 있어서 정부의 입장에 찬성하지 않습니다.

commercial
[kəmə́:rʃəl]

n (TV나 라디오 등의) 광고 (방송)

The winner of the competition will shoot this product's TV **commercial**. 경연의 우승자가 이 제품의 TV 광고를 촬영하게 될 것입니다.

친절한 보카쌤

- advertisement 광고[홍보], 광고물
- promotion 광고, 판촉 활동

censorship
[sénsərʃip]

ⓝ 검열

This movie failed to pass the **censorship** criteria.

이 영화는 검열 기준을 통과하는 데 실패했습니다.

친절한 보카샘
- news **censorship** 보도 관제
- pass **censorship** 검열을 통과하다
- remove the **censorship** 검열을 폐지하다

plagiarism
[pléidʒərìzəm]

ⓝ 표절, 도용

Britney constantly insists that there is no **plagiarism** in her research. Britney는 그녀의 연구가 표절이 아니라고 끊임없이 주장하고 있어요.

친절한 보카샘
- piracy 저작권 침해, 불법 복제
- appropriation 도용
- poaching (아이디어, 권리 등의) 침해, 침범

오늘의 심화 어휘: TV 및 영화 장르

episode
1회 방송분

spin-off
기존 작품에서 파생된 작품

entertainment
연예, 오락

cartoon
만화 영화

sequel
속편, 뒷이야기

weather forecast
일기 예보

competition reality show
경연 프로그램

docudrama
실제 사건을 재현한 드라마

pilot
시험 방송용 프로그램

soap opera
연속극

educational program
교양 프로그램

cooking show
요리 프로

A 우리말 뜻에 알맞은 단어를 연결해 보세요.

1 검열 ·	· ⓐ commercial
2 표절 ·	· ⓑ celebrity
3 비공개를 전제로 ·	· ⓒ broadcast
4 방송하다 ·	· ⓓ censorship
5 광고 ·	· ⓔ cover
6 보도하다 ·	· ⓕ plagiarism
7 유명 인사 ·	· ⓖ off the record

B 대화의 빈칸에 들어갈 알맞은 표현을 찾아보세요.

A: Are you watching the news?

B: I'm trying to take interest in ___1___ . I've been reading a lot of newspaper ___2___ and checking the breaking news these days.

A: What a surprise! What's this program?

B: It is a current affairs show hosted by many famous ___3___ who have received the 'Award for the Best Reporter.'

A: Do you like it?

B: Yes, I like it because the ___4___ deals with the issues from diverse perspectives. It helps me to look at the events without ___5___ .

A: That sounds great.

ⓐ journalists   ⓑ announcer   ⓒ current affairs   ⓓ articles   ⓔ bias

DAY 27 소셜 미디어
아직도 SNS 안 하는 사람은 없겠지?

요즘 대세는 소셜 마케팅

소셜 미디어는 트위터, 인스타그램, 페이스북, 카카오톡과 같은 웹상에서 사용자들이 인적 네트워크를 형성할 수 있게 하는 서비스를 가리키는 용어로 우리나라에서는 SNS(Social Network Service)라는 용어를 더 많이 씁니다. 인간관계 형성뿐 아니라 마케팅 등 다양한 분야에서 필수적으로 쓰이고 있는 소셜 미디어 관련 어휘들을 공부해 봅시다.

post
[poust]

ⓥ (웹사이트에 정보 · 사진 등을) 올리다, 게시하다

I **posted** pictures of my wedding ceremony on Instagram.
나는 내 결혼식 사진들을 인스타그램에 올렸어.

🎙 친절한 보카샘

post는 원래 '우편, 우편물'을 가리키는 단어인데, 온라인에서 동사로 쓰일 때는 온라인 콘텐츠를 게시하는 행위를 말하며, 명사일 때는 온라인에 게시된 콘텐츠의 개별 항목(blog post처럼)을 주로 의미합니다.

share
[ʃɛər]

ⓥ 공유하다, 함께 쓰다

You should not **share** your personal information on your social media.
당신의 개인 정보를 여러분의 소셜 미디어에 공유해서는 안 됩니다.

platform
[plǽtfɔːrm]

ⓝ 플랫폼(사용 기반이 되는 시스템 소프트웨어)

Social media **platforms** are great places for companies to interact with their consumers.
소셜 미디어 플랫폼은 기업이 소비자와 소통하기 좋은 장소입니다.

🎙 친절한 보카샘

platform은 원래 무언가를 타고 내리는 '승강장'을 가리켜요. 요즘에는 그 의미가 확장되어 특정 장치나 시스템 등에서 이를 구성하는 기초가 되는 틀을 지칭하는 용어로 컴퓨터, 사업 등 다양한 분야에서 쓰이고 있어요. Google, Facebook과 같은 큰 회사들도 platform 기업이랍니다.

subscribe (to)
[səbskráib]

ⓥ 구독하다, 가입[신청]하다

I **subscribed to** Helen's YouTube channel to learn about investment in real estate.
나는 부동산 투자에 대해 배우기 위해 Helen의 YouTube 채널을 구독하고 있어.

🎙 친절한 보카샘

subscribe는 주로 자동사로 쓰이며 '~을 구독하다'라는 의미로 쓸 때는 전치사 to 와 함께 쓰여요.

▪ subscription 구독; 구독료

go viral

phr **입소문이 나다**

His sports wear shopping mall **went viral** on social media. 그의 스포츠 의류 쇼핑몰이 소셜 미디어에서 입소문이 났어요.

친절한 보카샘

viral marketing은 사람들이 관심 가질만한 내용을 기획해서 이를 온·오프라인으로 퍼뜨려서 사람들을 감염시킨다는 뜻으로 '입소문 마케팅'과 비슷한 의미예요. 요즘 소셜 미디어에서 가장 활발히 사용되고 있는 마케팅 방식이랍니다. break the internet이라는 표현도 온라인상에서 '인기를 끌다'라는 의미로 많이 쓰인답니다.

clickbait
[klíkbeit]

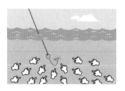

ⓝ **낚시 광고, 링크, 기사**

Companies deliberately use **clickbait** to attract people's attention.

회사들은 사람들의 주목을 끌기 위해 고의적으로 낚시 광고를 사용합니다.

친절한 보카샘

clickbait는 자극적인 제목으로 인터넷 유저들의 클릭을 유도하여 조회수를 높이는 것을 일컫습니다. 인터넷상에 있는 작은 크기의 견본 이미지를 가리키는 thumbnail(섬네일)이라는 단어가 있는데 이 섬네일이 clickbait를 유도하는 수단으로도 많이 활용된답니다.

block
[blɑk]

ⓥ **차단하다**

She **blocked** her ex-boyfriend since he kept trolling her facebook

그녀의 전 남자 친구가 계속해서 그녀의 facebook에 악플을 달아서, 그녀는 그를 차단했어요.

engagement
[ingéidʒmənt]

ⓝ **참여, 개입**

This site is known for having higher **engagement** rates than others.

이 사이트는 다른 사이트들에 비해 참여율이 높은 것으로 알려져 있습니다.

친절한 보카샘

like를 누르거나 댓글(comment)을 다는 것, 각종 자료나 사이트, 포스트 등을 공유(share)하는 것 모두 소셜 미디어에서 engagement의 한 행동이에요.

meme
[mi:m]

ⓝ 밈(온라인에서 유행하는 웃긴 말을 적어서 다시 제작한 그림과 사진 등)

Since social media became popular, **meme** culture has developed enormously.

소셜 미디어가 대중화된 이후로, 밈 문화가 엄청나게 발전했습니다.

친절한 보카샘

meme은 특정 메시지를 전하는 그림, 사진, 또는 짧은 영상으로 재미를 주는 것을 목적으로 합니다. 짤방(짤림 방지), 유행어, 급식체(청소년 사이에서 유행하는 말하기 방식) 등의 다양한 콘텐츠들이 모두 meme의 범위에 포함됩니다.

hashtag
[hǽʃtæg]

ⓝ 해시태그

You will find many products if you search for the **hashtag** Vitamin on Instagram.

Instagram에 #Vitamin이라는 해시태그를 찾으면 많은 제품이 있다는 것을 알게 될 것입니다.

친절한 보카샘

특정 핵심어 앞에 '#' 기호를 붙여 써서 식별을 용이하게 하는 태그의 한 형태를 hashtag라고 해요. 이 tag가 붙은 단어는 SNS상에서 편리하게 검색할 수 있어서 마케팅 수단으로 많이 활용됩니다. (hash 우물정자(#)+tag 꼬리표)

trending topic

 주된 화젯거리, 유행 주제

The marriage of two top stars is a major **trending topic** this week.

두 톱스타의 결혼이 이번 주 주된 화젯거리입니다.

influencer
[ínfluənsər]

ⓝ 인플루언서

She is a fashion **influencer** who has more than a million YouTube subscribers.

그녀는 YouTube 구독자가 백만 명이 넘는 패션 인플루언서예요.

친절한 보카샘

influencer는 소셜 미디어상에서 엄청나게 많은 구독자나 follower를 거느리는 유명인을 가리킵니다.

■ influence 영향을 미치다

Her speech has **influenced** the lives of millions.

그녀의 연설은 수백만의 사람들에게 영향을 미쳤습니다.

follow
[fálou]

ⓥ (트위터 · 인스타그램 등에서) 팔로우하다

I **followed** her channel to learn recipes for pizza.

나는 피자 요리법을 배우기 위해 그녀의 채널을 팔로우했어.

친절한 보카샘

트위터와 같은 플랫폼에서 follower는 '나를 follow하는 사람', 즉 '나의 메시지를 보고 있는 사람'을 의미합니다. follow를 해지하는 것은 unfollow라고 합니다.

FOMO
[fóumòu]

ⓝ 소외되는 것에 대한 두려움

Seeing that you've been holding your cell phone all day, you seem to suffer from **FOMO**.

온종일 핸드폰만 들고 있는 걸 보니, 너 FOMO를 앓고 있는 것 같아.

친절한 보카샘

FOMO는 'Fear Of Missing Out'의 약자로 social media에 과도하게 집착하는 현상을 나타내는 표현으로 많이 쓰인답니다.

오늘의 심화 어휘: 소셜 미디어에서 사용되는 신조어

ASAP(As Soon As Possible)
가능한 빨리

DM(Direct Message)
쪽지, 쪽지 보내기

GOAT(Greatest Of All Time)
역대 최고

NVM(Never Mind)
아무것도 아니야

AMA(Ask Me Anything)
나한테 아무거나 물어봐

TMI(Too Much Information)
너무 과한 정보

IDK (I Don't Know)
난 몰라요

RIP (Rest In Peace)
편히 잠드소서

BBL (Be Back Later)
이따 돌아올게

FYI(For Your Information)
참고하세요

LOL(Laughing Out Loud)
크게 웃다

TTYL(Talk To You Later)
좀 있다 연락할게

Daily Review

A 우리말 뜻에 알맞은 단어를 연결해 보세요.

1 소외되는 것에 대한 두려움 •   • ⓐ FOMO

2 참여   •   • ⓑ engagement

3 크게 웃다   •   • ⓒ subscribe

4 주된 화젯거리   •   • ⓓ LOL

5 구독하다   •   • ⓔ block

6 차단하다   •   • ⓕ trending topic

B 대화의 빈칸에 들어갈 알맞은 표현을 찾아보세요.

A: What's this, Jina?

B: It's Maria's Instagram. She's a famous makeup ___**1**___ . She ___**2**___ her review of HJ's new eyeshadow and lipstick.

A: Why do you ___**3**___ her Instagram account?

B: Her review is very straightforward and helpful. I always press 'like' and write a comment on her post.

A: You seem to be a big fan of her. How many ___**4**___ does she have?

B: She has more than two hundred million.

A: Wow! Her influence must be great in the cosmetics market.

B: Probably. Since social media is widely used, companies are actively using ___**5**___ strategies these days.

A: I've heard of that. Can you ___**6**___ her post with me?

B: Of course. Tell me your Instagram account.

ⓐ influencer ⓑ follow ⓒ followers ⓓ viral marketing ⓔ posted ⓕ share

4

인터넷과 미디어

A 우리말 뜻에 해당하는 표현의 기호를 쓰세요.

1 _____ 고장 나다

2 _____ 붙여 넣다

3 _____ 언론

4 _____ 입소문이 나다

5 _____ 다 떨어지다

6 _____ 첨부 파일

7 _____ 휴대용 컴퓨터

ⓐ attachment
ⓑ run out
ⓒ paste
ⓓ laptop
ⓔ go viral
ⓕ break down
ⓖ press

B 빈칸에 들어갈 알맞은 표현을 고르세요.

1 I recommend you to _____ to Sally's cooking channel on YouTube.
ⓐ influence　　　ⓑ subscribe　　　ⓒ turn on

2 Your new _____ computer looks really convenient to use.
ⓐ peripheral　　　ⓑ incompatible　　　ⓒ portable

3 Fortunately, you can _____ directly on our new website from today and download the file freely.
ⓐ register　　　ⓑ block　　　ⓒ cancel

4 Since I had so much work left, I had no choice but to _____ the phone.
ⓐ hold on　　　ⓑ hang up　　　ⓒ speak up

C 알맞은 단어를 골라 문장을 완성하세요.

> ⓐ unlock ⓑ post ⓒ bookmark ⓓ text message ⓔ broadcast

1 If you want to find it again easily, _____ this web page.

2 Please send someone to _____ the door. I've been standing outside for an hour.

3 I will _____ the test results on the class website by next week.

4 Send me a(n) _____ as soon as possible after class. I'll pick you up.

5 My interview with the President will be _____ on both TV and radio.

4 인터넷과 미디어

D 우리말 뜻에 맞게 문장을 완성하세요.

1 Can I be _____ _____ to the Bill's office?
Bill의 사무실로 연결 좀 해 주시겠어요?

2 Students' _____ to online games is becoming a serious problem.
학생들의 온라인 게임 중독이 심각한 문제가 되고 있습니다.

3 You should pay within 10 days of the _____ date.
송장 날짜로부터 10일 이내에 지불하셔야 합니다.

4 Be sure to _____ _____ all of your files to avoid the loss of data.
데이터를 날리는 것을 방지하기 위해 모든 파일을 꼭 저장해 놓으세요.

C. 1 ⓒ 2 ⓐ 3 ⓑ 4 ⓓ 5 ⓔ D. 1 put through 2 addiction 3 invoice 4 back up

DAY 28 Vocabulary Check **167**

CHAPTER

5

사람

CHAPTER 5
사람

가족

피는 물보다 진하다!?

시댁 식구들과 산다고?

'나'라는 사람의 출발은 가족입니다. 가족 구성원이 성장하며 다양한 관계가 형성됩니다. 요즘은 특히 다양한 가족의 형태가 등장하고 있습니다. 가족과 관련된 다양한 어휘를 알아봅시다.

surname
[sə́ːrnèim]

ⓝ 성(姓)
My first name is Minsoo, and my **surname** is Han.
저의 이름은 '민수'이고 성은 '한'입니다.

친절한 보카샘

외국인이 자신을 John Smith라고 소개하면 John은 '이름', Smith는 '성(姓)'
입니다. '이름'은 first name(처음에 오는 이름), given name(주어진 이름),
forename(앞에 오는 이름)이라고 합니다. '성(姓)'은 surname, last name(마지막
에 오는 이름), family name(가족이 함께 쓰는 이름)이라고 합니다.

---

only child

phr 외동
Jessie is the **only child** of the family. Jessie는 외동이에요.

친절한 보카샘

'장남[녀]'는 the eldest son[daughter], '막내'는 the youngest라고 표현할 수
있습니다.
· I'm **the second child** of three children. 저는 삼 남매 중 둘째입니다.

---

sibling
[síbliŋ]

ⓝ 형제나 자매, 동기
A: Do you have any **siblings**? 형제나 자매가 있으세요?
B: I have an older sister and a younger brother.
언니와 남동생이 있어요.

친절한 보카샘

'형'이나 '언니'를 표현할 때 older brother[sister] 대신 big brother[sister]를, '동
생'을 표현할 때 younger brother[sister] 대신 little brother[sister]를 쓸 수 있
습니다. big과 little로 표현하면 단순히 나이의 많고 적음을 넘어 '내가 의지하거나 돌
봐주었던'과 같은 친근함의 의미를 담을 수 있습니다.

---

relative
[rélətiv]

ⓝ 친척
All his close **relatives** came to the wedding.
그의 가까운 친척들 모두 결혼식에 왔어요.

run in one's family

phr 집안 내력이다

Straight, brown hair **runs in my family**.

갈색 직모는 우리 집안 내력이에요.

Jeff is very tall. It **runs in his family**.

Jeff는 정말 키가 커. 집안 내력이지.

married

[mǽrid]

adj 결혼한, 기혼의

Is Mike single? Wow, I thought he was **married**.

Mike가 미혼이라고? 와, 나는 기혼이라고 생각했어.

🎗️ **친절한 보카샘**

married와 반대인 '결혼하지 않은, 미혼의'는 unmarried 혹은 single로 표현할 수 있습니다. 혼인 여부(marital status)와 관련해서 다음 표현들도 알아두면 좋겠네요.
- When did you get married? 언제 결혼하셨어요?
- How long have you been married? 결혼한 지 얼마나 되셨어요?

in-law

[ínlɔː]

n 인척(특히, 시부모, 장인과 장모)

I'm going to visit my **in-laws** this Saturday.

저는 이번 토요일에 시부모님을 방문할 예정입니다.

extended family

phr 대가족

I grew up in an **extended family**, as my grandparents lived with us. 저는 조부모님과 함께 살면서 대가족에서 자랐습니다.

🎗️ **친절한 보카샘**

'대가족'은 big family, large family로도 표현할 수 있습니다. 반대로 부모와 자녀로만 이루어진 '핵가족'은 nuclear family, 요즘 증가하고 있는 '1인 가구'는 single person household, '직계 가족'은 immediate family라고 합니다.

adopt
[ədápt]

ⓥ 입양하다

They are planning to **adopt** a baby girl.

그들은 여자 아기를 입양할 계획이에요.

> 친절한 보카샘
> - 입양: adoption
> - 생물학적 엄마: biological mom
> - 나를 길러 주신 엄마: mom who raised me

stepfather
[stépfɑ̀:ðər]

ⓝ 새아버지

Noah's **stepfather** is a good man. He really cares for Noah.

Noah의 새아버지는 좋은 분이세요. Noah를 정말 좋아해요.

childhood
[tʃáildhùd]

ⓝ 어린 시절, 아동기

I have happy **childhood** memories.

저는 행복한 어린 시절의 기억을 갖고 있어요.

> 친절한 보카샘
> - 영아기: infancy
> - 청소년기: adolescence
> - 성인기: adulthood

puberty
[pjú:bərti]

ⓝ 사춘기

Puberty may arrive early for some kids.

어떤 아이들에게는 사춘기가 일찍 시작될 수 있어요.

> 친절한 보카샘
> puberty는 보통 성인이 되기 위한 신체적인 변화가 일어나는 '사춘기'를 뜻하며, adolescence는 정신적으로 성장하는 '청소년기'를 말합니다. adolescent는 이 시기에 있는 '청소년', minor는 법적인 '미성년자'를 뜻합니다.

in one's 20s(twenties)

phr 20대의

A: My sister is **in her twenties**. 제 어동생은 20대에요.

B: She looks younger than her age. 동안이네요.

친절한 보카샘

- 10대: teens / 30대: thirties / 40대: forties / 50대: fifties / 60대: sixties
'초반, 중반, 후반'은 각각 early, mid, late를 넣어 표현하면 됩니다.
- I'm moving into my **mid-thirties** from my **early thirties**.
저는 30대 초반에서 중반이 됩니다.

pass away

phr 돌아가시다, 사망하다

My grandmother **passed away** three years ago.

우리 외할머니는 3년 전에 돌아가셨어요.

친절한 보카샘

pass away는 die(죽다)의 완곡한 표현입니다.

오늘의 심화 어휘: 가계도

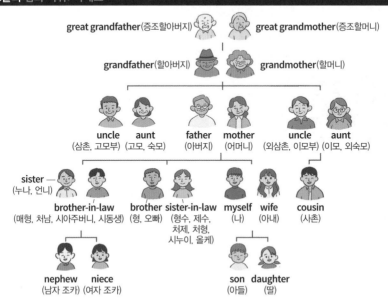

great grandfather(증조할아버지)　great grandmother(증조할머니)

grandfather(할아버지)　grandmother(할머니)

uncle (삼촌, 고모부)　aunt (고모, 숙모)　father (아버지)　mother (어머니)　uncle (외삼촌, 이모부)　aunt (이모, 외숙모)

sister (누나, 언니)　brother-in-law (매형, 처남, 시아주버니, 시동생)　brother (형, 오빠)　sister-in-law (형수, 제수, 처제, 처형, 시누이, 올케)　myself (나)　wife (아내)　cousin (사촌)

nephew (남자 조카)　niece (여자 조카)　son (아들)　daughter (딸)

*영어는 가족에 대한 호칭이 우리나라보다 덜 세분되어 있습니다. 우리나라 말에서는 이모와 고모로 구분하지만 영어에서는 모두 aunt로 부릅니다. 삼촌, 이모부, 고모부도 모두 uncle이라고 부르지요.

Daily Review

A 우리말 뜻에 알맞은 단어를 연결해 보세요.

1 결혼한, 기혼의 •   • ⓐ stepfather

2 새아버지   •   • ⓑ surname

3 친척   •   • ⓒ puberty

4 사춘기   •   • ⓓ sibling

5 성(姓)   •   • ⓔ relative

6 형제나 자매   •   • ⓕ married

B 대화의 빈칸에 들어갈 알맞은 표현을 찾아보세요.

A: Wow, you have a large _____**1**_____ .

B: You're right. There were eight people in my family until my grandparents
_____**2**_____ a few years ago. Now there are six: my parents, an older sister,
an older brother, me, and a younger sister.

A: It must have been fun. I'm a(n) _____**3**_____ and felt lonely in my childhood.

B: Well, we had a lot of troubles in our adolescence. Now, _____**4**_____ , we're
like good friends.

A: I'd like to live in a big family. I will live with my _____**5**_____ .

B: Are you serious? How about _____**6**_____ many children and taking care of
them with love?

> ⓐ in-laws   ⓑ only child   ⓒ adopting
> ⓓ passed away   ⓔ extended family   ⓕ in our twenties

직업

일의 기쁨과 슬픔

꿈의 직업을 갖고 싶다~

직업은 사람에 대해 많은 것을 말해 줍니다. 서로의 직업을 이야기하다 보면 생활 패턴과 수준까지도 짐작할 수 있습니다. 오늘은 직업에 대한 다양한 어휘를 학습해 봅시다.

breadwinner
[brédwìnər]

ⓝ 가장, 생계를 책임지는 사람

Being a **breadwinner** is tough.

가장이 되는 건 힘든 일이죠.

do ~ for a living

phr 직업이 ~이다

What does Ann **do for a living**? Ann은 직업이 뭐죠?

친절한 보카샘

상대방의 직업을 물어볼 때, What is your job?이라고 너무 직접적으로 물어보기
보다는 What do you do for a living?이라고 묻는 것이 더 일반적입니다. 이에
대한 대답은 다음과 같이 표현할 수 있습니다.
- I'm an engineer. 저는 엔지니어입니다.
- I work in advertising. 저는 광고업에 종사합니다.
- I work for AA Company. 저는 AA 회사에서 일합니다.

between jobs

phr 구직 중인

I'm **between jobs** right now. 현재 저는 구직 중입니다.

친절한 보카샘

현재 직업이 없는 실직 상태를 나타내는 표현입니다. I'm looking for a job.(일을 찾
고 있는 중입니다.) 혹은 I'm unemployed[jobless].(무직 상태입니다.)라고도 표현
할 수 있지만 직장과 직장 사이에 있다는 between jobs라는 표현이 더 긍정적으로
들립니다.

qualification
[kwὰləfəkéiʃən]

ⓝ 자격, 자질, 능력

You have enough **qualifications** for that job.

너는 그 일을 할 만한 충분한 자격이 있어.

친절한 보카샘

우리가 흔히 말하는 '스펙(spec)'은 specification의 줄임말로 '물건의 사양, 설명서'
를 나타내는 단어입니다. '스펙을 쌓다'는 것은 입사원서를 돋보이게 할 조건을 갖추겠
다는 의미이므로 improve resume라고 표현할 수 있습니다.

self-employed
[sèlfimplɔ́id]

adj 자영업의

I quit my job at Intel last year. I am **self-employed** now.

저는 작년에 인텔을 그만두고 지금은 자영업을 하고 있습니다.

🗣 친절한 보카샘

employed(고용된)를 이용한 표현입니다. self-employed는 '스스로 고용된'이라
는 뜻이니 자영업을 한다는 의미가 됩니다. I work for myself.라고 표현할 수도 있
습니다. 가게를 운영한다면 run a store라고 표현합니다.

in charge of

phr ~을 담당하고 있는, 맡고 있는

I'm **in charge of** marketing. 저는 마케팅을 담당하고 있어요.

🗣 친절한 보카샘

자신이 맡은 일을 좀 더 상세하게 설명할 때 쓸 수 있는 표현입니다. I am responsible
for ~나 My job involves ~도 사용할 수 있습니다.
· **I'm responsible for** updating company websites.
  저는 회사 웹사이트를 업데이트하는 일을 책임지고 있습니다.
· **My job involves** evaluating employees.
  저는 직원들을 평가하는 일을 맡고 있습니다.

full-time job

phr 정규직

Monica has a **full-time job** in the fashion industry.

Monica는 패션업계에서 정규직으로 일하고 있어요.

🗣 친절한 보카샘

보통 일주일에 40시간 정도 일할 경우 full-time으로 일한다고 합니다. 주당 15~25
시간 정도는 part-time으로 일한다고 봅니다. 회사에 따라서 자신의 업무 시간을 조
정할 수 있는 flex-time으로 일할 수도 있지요.

shift
[ʃift]

n 교대 근무

My sister is working the night **shift** at the hospital.

내 여동생은 병원에서 야간 교대 근무를 하고 있어.

overtime
[óuvərtàim]

ⓝ 초과 근무, 야근

They are working **overtime** to get the project done.

그들은 프로젝트를 끝내기 위해 초과 근무를 하고 있습니다.

친절한 보카샘

- 정시 퇴근[칼퇴근]하다: leave work on time, leave at (시간) sharp
  I will **leave at 6 sharp**. 저는 6시에 칼퇴근할 겁니다.

get paid

phr 급여를 받다

It's on me! I **got paid** today. 내가 한턱 쏠게! 오늘 급여를 받았거든.

친절한 보카샘

get a paycheck도 '월급을 받다'는 표현입니다. '월급날'은 payday이지요.

〈pay vs. salary vs. wage〉

pay는 '급여'를 의미하는 가장 일반적인 표현이며, salary는 '정기적인 고정 급여', wage는 '아르바이트나 임시직 근로자 대상의 단기적인 급여'를 의미합니다. 그래서 '최저 임금'을 minimum wage라고 합니다.

promotion
[prəmóuʃən]

ⓝ 승진

Congratulations on your **promotion**!

승진 축하해!

take a leave

phr 휴가를 가다

Kim could **take a leave** for only a week last year.

Kim은 작년에 일주일만 휴가를 갈 수 있었습니다.

친절한 보카샘

하루 휴가를 낼 때 take a day off라는 표현도 많이 씁니다.

- Can I **take a day off** next Thursday?
  다음 주 목요일에 휴가를 낼 수 있을까요?

휴가의 여러 종류를 알아볼까요?

- 병가: sick leave / 출산 휴가: maternity leave / 육아 휴가: parental leave

lay off

phr 해고하다

The company **laid off** about 100 employees due to budget cuts. 회사는 예산 삭감으로 100여 명의 직원을 해고했습니다.

친절한 보가쌤

fire는 직원의 잘못이나 능력 부족으로 해고하는 경우에 쓰는 표현입니다. 반면 lay off는 회사의 경제적 문제로 보통 직원들을 임시로 해고하는 경우에 쓰는 표현이죠. 회사의 사정이 나아지면 직원을 rehire(재고용)할 수도 있겠죠.

retire
[ritáiər]

v 은퇴하다; 은퇴시키다

My father **retired** last year and is enjoying his second life. 우리 아버지는 작년에 은퇴하시고 제2의 인생을 즐기고 계십니다.

오늘의 심화 어휘: 다양한 직업

accountant
회계사

architect
건축가

cashier
계산원

deliveryman
택배 기사

flight attendant
승무원

hairdresser
미용사

journalist
기자

mechanic
정비공

office worker
사무직원

receptionist
접수 담당자

secretary
비서

vet
수의사

Daily Review

Ⓐ 우리말 뜻에 알맞은 단어를 연결해 보세요.

1 해고하다 •   • ⓐ between jobs

2 자영업의 •   • ⓑ promotion

3 자격, 자질 •   • ⓒ do ~ for a living

4 승진 •   • ⓓ self-employed

5 ~을 담당하고 있는 •   • ⓔ in charge of

6 구직 중인 •   • ⓕ lay off

7 직업이 ~이다 •   • ⓖ qualification

5

사람

Ⓑ 대화의 빈칸에 들어갈 알맞은 표현을 찾아보세요.

A: Why is Jennifer always so busy?

B: She is the ____1____ of her family. Her days are busy with several part-time jobs.

A: I will get a(n) ____2____ after improving my resume.

B: What kind of job are you looking for?

A: It's simple. I don't want to work ____3____. I'd like to take a ____4____ whenever I want. It is better if it pays well.

B: Umm. I'd like to apply to that dream job if there were any.

A: How are you doing these days?

B: The night ____5____ is really tough. I wish I could ____6____ tomorrow.

| ⓐ leave | ⓑ retire | ⓒ shift | ⓓ overtime | ⓔ breadwinner | ⓕ full-time job |

DAY
31

외모
내 모습 그대로 당당하게!

남친하기 힘들다…

거울로 늘 보는 나의 외모, 사람을 소개받으면 가장 먼저 보게 되는 타인의 외모. 신체 각 부분에 대한 어휘는 물론 머리 모양, 얼굴과 신체의 특징에 대한 다양한 어휘를 배워 봅시다.

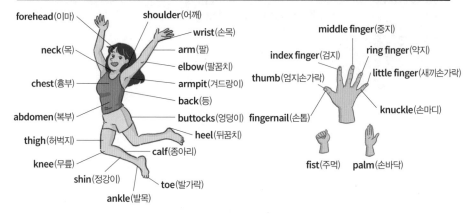

forehead(이마)
shoulder(어깨)
wrist(손목)
neck(목)
arm(팔)
elbow(팔꿈치)
chest(흉부)
armpit(겨드랑이)
back(등)
abdomen(복부)
buttocks(엉덩이)
thigh(허벅지)
heel(뒤꿈치)
knee(무릎)
calf(종아리)
shin(정강이)
toe(발가락)
ankle(발목)

middle finger(중지)
index finger(검지)
ring finger(약지)
thumb(엄지손가락)
little finger(새끼손가락)
fingernail(손톱)
knuckle(손마디)
fist(주먹)
palm(손바닥)

*hip은 허리와 다리가 만나는 골반 부위를 말하며, buttocks 혹은 bottom이 앉았을 때 바닥에 닿는 엉덩이를 말합니다.

5

사
람

jaw
[dʒɔː]

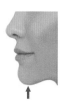

ⓝ 턱

He has a square **jaw**. 그 사람은 사각턱을 가졌어.

📢 친절한 보카쌤

jaw는 입 전체를 둘러싼 얼굴의 아랫부분에 해당하는 전체 턱을 말하며, chin은 얼굴에서 입술 아래쪽으로 잡히는 턱을 의미해요. 식인 백상어에 관한 영화 제목인 '죠스(Jaws)'는 상어의 강력한 턱을 의미합니다.

eyelid
[áilìd]

ⓝ 눈꺼풀

I'd like to get double-**eyelid** surgery.

나는 쌍꺼풀 수술을 받고 싶어요.

📢 친절한 보카쌤

눈에 관련된 다음 어휘들도 알아두면 좋습니다!

■ eyebrow 눈썹 / eyelash 속눈썹 / pupil 동공

fair skin

phr 흰 피부

All her family have **fair skin**.

그녀의 가족 모두 피부가 하얗답니다.

freckle
[frékl]

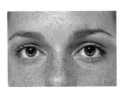

n 주근깨

I'd like to erase the **freckles** on my face.

나는 얼굴에 있는 주근깨를 없애고 싶어요.

> ◀ 친절한 보카샘
>
> 다양한 피부 트러블 관련 표현들입니다!
>
> ▪ pimple 뾰루지, 여드름   ▪ acne 여드름이 나는 피부 질환
> ▪ wrinkle 주름   ▪ dark circles 다크 서클

wavy
[wéivi]

adj 웨이브가 있는

Her **wavy** hair makes her look elegant.

그녀의 웨이브가 있는 머리는 그녀를 우아해 보이게 해요.

> ◀ 친절한 보카샘
>
> curly는 wavy에 비해 더 강하게 곱슬거리는 경우 사용하는 단어입니다. '직모'는
> straight hair라고 표현합니다.
>
> · That's a perfect hairstyle for **straight hair**.
>   그건 직모를 위한 완벽한 헤어스타일이야.

ponytail
[póunitèil]

n 묶은 머리

Alice always wears her hair in a **ponytail**.

Alice는 언제나 머리를 뒤로 묶고 다녀요.

> ◀ 친절한 보카샘
>
> 알아두면 좋은 헤어스타일 관련 표현들입니다.
>
> · I'd like to have my hair **cut[permed/dyed]**.
>   머리를 자르고[파마하고/염색하고] 싶어.
> · I want to have **bangs**. 앞머리를 내리고 싶어요.
> ▪ bob 단발머리 / crew cut 스포츠머리

mustache
[mʌ́stæʃ]

ⓝ 콧수염

I'd like to grow a nice **mustache**.

나는 멋진 콧수염을 기르고 싶어요.

> 🎺 친절한 보카샘
>
> beard는 '턱수염', sideburns는 '구레나룻'을 뜻합니다.

bald
[bɔ:ld]

adj 대머리의

My dad started to go **bald** in his forties.

나의 아버지는 40대에 머리가 벗겨지기 시작했어요.

well-built
[wèlbílt]

adj 체격이 좋은, 튼튼한

Nancy is a **well-built** young lady who likes sports.

Nancy는 운동을 좋아하는 체격이 좋은 젊은 여성입니다.

> 🎺 친절한 보카샘
>
> muscular도 well-built와 비슷한 뉘앙스로 '근육질의'라는 의미입니다. '몸매가 좋다, 건강해 보인다'는 일반적으로 be in good shape으로 표현할 수 있습니다.
> • Ken **is in good shape** because he exercises everyday.
>   Ken은 매일 운동해서 몸짱이에요.

average height

phr 평균 키

He is an ordinary man of **average height**.

그는 보통 키의 평범한 남성입니다.

> 🎺 친절한 보카샘
>
> 미국에서는 피트(feet)라는 단위를 씁니다. 1feet는 30.48cm입니다.
> • How tall are you? 키가 얼마나 돼요?
> • I'm 165 centimeters tall. 165센티미터입니다.
> • He looks very tall[short]. 그는 정말 키가 커[작아] 보이네요.

slim
[slɪm]

adj 날씬한, 호리호리한

You look so **slim** in that skirt. 그 치마를 입으니 정말 날씬해 보여요.

친절한 보카샘

비슷한 의미의 단어로 thin, skinny가 있습니다. thin과 skinny는 slim에 비해 다소 부정적인 의미로 '매우 말랐다'는 의미이므로 조심해서 사용해야 합니다. slender는 slim과 비슷한 어감의 단어로 '(호감형으로) 늘씬한'을 뜻합니다.

plump
[plʌmp]

adj 보기 좋게 통통한, 토실토실한

My little brother was **plump** when he was young.

내 남동생은 어렸을 때 통통했어.

친절한 보카샘

fat는 '살찐'이라는 의미를 부정적으로 표현하는 단어로, 사용에 주의해야 합니다. overweight는 fat에 비해 덜 부정적인 의미로 '과체중의'라는 의미가 있습니다. chubby는 주로 아기나 아동이 귀엽게 통통할 때 사용하는 단어이며, tubby는 작고 뚱뚱한 사람에 대해 말할 때 사용해요.

resemble
[rizémbl]

v 닮다

Jennifer very much **resembles** her mother.

Jennifer는 자신의 엄마를 많이 닮았어요.

good-looking
[gùdlúkiŋ]

adj 잘생긴

I saw her with a very **good-looking** man.

나는 그녀가 매우 잘생긴 남자와 같이 있는 것을 봤어요.

친절한 보카샘

남성과 여성의 멋진 외모를 설명할 때 보편적으로 사용되는 단어는 attractive(매력적인)와 good-looking입니다. attractive는 사람이 외모가 잘생겼을 뿐 아니라 성격도 좋음을 나타내는 데 비해 good-looking은 단지 외모가 잘생겼다는 뜻만 나타냅니다. gorgeous(근사한), lovely(사랑스러운)도 매력적인 외모를 묘사할 때 사용할 수 있어요.

Daily Review

A 우리말 뜻에 알맞은 단어를 연결해 보세요.

1 체격이 좋은 •
                                • ⓐ good-looking

2 잘생긴   •
                                 • ⓑ bald

3 턱   •
                                 • ⓒ jaw

4 대머리의 •
                                 • ⓓ average height

5 묶은 머리 •
                                 • ⓔ ponytail

6 눈꺼풀   •
                                 • ⓕ well-built

7 평균 키 •
                                 • ⓖ eyelid

8 콧수염   •
                                 • ⓗ mustache

5
사람

B 대화의 빈칸에 들어갈 알맞은 표현을 찾아보세요.

A: In the summer I get more ____1____ . I'm so upset.

B: I've never noticed them. Maybe it's because you have ____2____ .

A: How do I look in these pants? Do I look short and ____3____ ?

B: No, you look great. You know you are ____4____ .

A: It's time to do my hair. Don't I look messy?

B: Your ____5____ hair is so gorgeous.

A: My mother told me I very much ____6____ Suji. What do you think?

B: Never! You are much more beautiful than Suji.

| ⓐ plump | ⓑ wavy | ⓒ freckles | ⓓ resemble | ⓔ slim | ⓕ fair skin |

DAY 32

성격
내 성격이 어때서!

다른 사람과 살고 있나요?

우리가 누군가를 이야기할 때 가장 많이 하는 말이 '그 사람 성격이 ~하더라'입니다. 다양한 성격이 있고 이를 묘사하는 수많은 단어가 존재합니다. 오늘은 성격을 묘사할 때 자주 사용하는 어휘를 배워 봅시다.

결혼 전

제 남자 친구는 정말 considerate한 사람입니다. 언제나 제 말을 귀 기울여 듣고 제 의견을 존중하지요. sense of humor가 대단해서 저를 많이 웃게 하고요. 허세가 없고 down-to-earth한 사람이기도 합니다. 이런 남자를 만난 건 정말 행운이에요!

결혼 후

제 남편은 너무 indecisive해서 음식점에서 무엇을 먹을지도 결정하지 못해요. 어찌나 childish한지 하는 농담마다 짜증이 나죠. 게다가 stubborn해서 자기 잘못을 인정하지 않고요. 너무 변했어요.

outgoing
[áutgòuiŋ]

adj 외향적인

Ryan is really **outgoing**. He likes to go out and meet new people. Ryan은 정말 외향적이야. 나가서 새로운 사람들을 만나는 걸 좋아해.

친절한 보카샘

'외향적인 사람'을 extrovert, '내향적인 사람'을 introvert라고 합니다. 속마음을 잘 드러내지 않고 내성적인 성격을 표현할 때 reserved라는 표현도 쓸 수 있습니다.
- She's a bit of an **introvert**. (=She's kind of **reserved**.) 그녀는 내성적인 편입니다.
- I'm a complete **extrovert**. 저는 완전 외향적인 사람이죠.

considerate
[kənsídərit]

adj 사려 깊은

It is very **considerate** of you to try to help your friend in trouble.
어려움을 겪는 친구를 도우려고 하다니, 넌 정말 사려 깊구나.

arrogant
[ǽrəgənt]

adj 거만한

I don't like the way Dylan talks. He's so **arrogant**.
저는 Dylan이 말하는 방식이 싫어요. 그는 너무 거만해요.

친절한 보카샘

비격식 표현으로 cocky라는 표현도 많이 씁니다.
- Don't be **cocky**. 잘난 척하지 마!
반대 성격인 '겸손한'은 modest, humble, unassuming으로 표현합니다.
- He is **modest** about his success. 그는 자신의 성공에 대해 겸손해요.

sense of humor

phr 유머 감각

Jerry has a great **sense of humor**. Jerry는 유머 감각이 뛰어나요.

친절한 보카샘

유머 감각을 가진 사람을 humorous, funny 등의 표현으로 묘사할 수 있습니다. 이런 사람들은 보통 witty(재치 있는)하지요. 반대로 따분하고 지루한 사람에 대해서는 dull, boring과 같은 표현을 쓸 수 있습니다.
- I don't like a **boring** man like that. 저는 그런 지루한 사람은 싫어요.

5

사람

down-to-earth
[dàuntuə́ːrθ]

adj 현실적인, 합리적인

Jina is brilliant and **down-to-earth**.

Jina는 영리하면서도 현실적이에요.

◀ 친절한 보가샘

down-to-earth는 가식이나 허세가 없이 현실적이고 인간적이라는 긍정적인 표현입니다. practical(실용적인), reasonable(합리적인)의 의미를 담고 있지요. 반대로 가식과 허세가 있는 사람은 pretentious하다고 합니다.

---

indecisive
[ìndisáisiv]

adj 우유부단한

He has too many thoughts and is so **indecisive**.

그는 생각이 너무 많아서 우유부단해요.

---

stubborn
[stʌ́bərn]

adj 완고한, 고집스러운

My father was so **stubborn** that he did not admit he was wrong. 아버지는 너무 완고하셔서 자신이 틀렸다는 것을 인정하지 않으셨어요.

◀ 친절한 보가샘

고집이 세서 융통성이 없는 사람은 inflexible하다고 합니다. 반대로 flexible은 유연하고 융통성이 있는 사람을 표현합니다.

· Greg is quite **flexible** and ready to work in different ways.
Greg는 꽤 융통성이 있어서 기꺼이 다른 방식으로 작업할 거야.

---

hot temper

phr 화를 잘 내는 성격

Judy has a **hot temper**. I feel nervous when I talk to her.

Judy는 화를 잘 내는 성격이야. 그녀랑 얘기할 때 긴장하게 돼.

◀ 친절한 보가샘

hot[short/quick]-tempered는 '성격이 급한'이라는 형용사입니다. 반대로 느긋하고 태평한 성격은 laid-back이나 easy-going으로 표현합니다.

· I like his **laid-back** attitude to life.
나는 그 사람의 삶에 대한 느긋한 태도가 좋더라.

sensitive
[sénsətiv]

adj 예민한, 민감한

Sensitive people often worry about what they have said.
예민한 사람들은 자주 자신이 말한 것에 대해 걱정합니다.

친절한 보카샘

비슷하게 생겼지만 의미가 다른 다음 단어들도 알아둡시다.
- sensible 분별 있는, 합리적인
- sentimental 감상적인, 다정다감한

open-minded
[òupənmáindid]

adj 열린 마음의, 편협하지 않은

Meeting many different people will help you become more **open-minded**.
많은 다른 사람들을 만나면 더 열린 마음을 갖게 될 거야.

친절한 보카샘

비슷한 표현으로 broad-minded(마음이 넓은), tolerant(관대한) 등이 있습니다. 반대로 속이 좁다고 말하고 싶을 때는 narrow-minded라고 표현할 수 있습니다.
- He is **narrow-minded** and not willing to accept others' opinions.
  그는 속이 좁아서 다른 사람의 의견을 받아들이지 않아요.

mean
[miːn]

adj 비열한, 못된

You are so **mean** to do such a thing!
그런 짓을 하다니 너 정말 못됐어!

childish
[tʃáildiʃ]

adj 유치한, 철이 없는

Don't be so **childish**! 유치하게 굴지 매

친절한 보카샘

비슷한 표현으로 immature(미성숙한)를 쓸 수 있습니다. 반대말은 mature(성숙한)입니다.
- Kate is rather **immature** for her age. Kate는 나이에 비해 미성숙해요.
  참고로 childlike는 '아이 같은, 순진한'이라는 의미로 긍정적인 표현입니다.

coward
[káuərd]

ⓝ 겁쟁이

My brother called me a **coward** because I was afraid of the water. 내가 물을 무서워했기 때문에 형은 나를 겁쟁이라고 불렀어요.

🗣 친절한 보카샘

겁이 많은 사람을 표현할 때 원어민들은 chicken도 많이 사용합니다.

· Don't be a **chicken**. Tell him what you want.
  겁먹지 마. 그에게 네가 원하는 것을 말해.

■ cowardly 겁이 많은

selfish
[sélfiʃ]

adj 이기적인

Paul is **selfish**. He only thinks about himself.

Paul은 이기적이야. 자기만 생각해.

🗣 친절한 보카샘

남을 생각하지 않고 자기중심적이고 이기적인 사람을 묘사하는 표현으로는 self-centered, egocentric, egoistic 등이 있습니다. 반대로 이타적인 사람을 묘사할 때는 unselfish, selfless와 같은 표현을 사용할 수 있습니다.

· He is an **unselfish** person who puts his clients first.
  그는 고객을 우선시하는 이타적인 사람입니다.

오늘의 심화 어휘: 그 외 성격

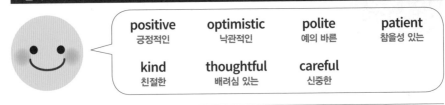

positive	optimistic	polite	patient
긍정적인	낙관적인	예의 바른	참을성 있는
kind	thoughtful	careful	
친절한	배려심 있는	신중한	

negative	pessimistic	rude	impatient
부정적인	비관적인	무례한	참을성 없는
cruel	thoughtless	careless	
잔인한	무심한	경솔한	

Daily Review

Ⓐ 우리말 뜻에 알맞은 단어를 연결해 보세요.

1 예민한	•	• ⓐ	selfish
2 이기적인	•	• ⓑ	hot temper
3 열린 마음의	•	• ⓒ	open-minded
4 비열한, 못된	•	• ⓓ	arrogant
5 화를 잘 내는 성격	•	• ⓔ	sensitive
6 거만한	•	• ⓕ	outgoing
7 외향적인	•	• ⓖ	coward
8 겁쟁이	•	• ⓗ	mean

Ⓑ 대화의 빈칸에 들어갈 알맞은 표현을 찾아보세요.

[Before marriage]

A: My boyfriend is so ___1___ . He always listens to me and respects my opinion. He has a great ___2___ and makes me laugh a lot. Moreover, he is ___3___ and not pretentious. I'm so lucky to have met this man.

- -

[After marriage]

A: My husband is so ___4___ that he can't decide what to order at a restaurant. He is ___5___ and his jokes are annoying. What is worse, he is too ___6___ to admit he is wrong. He has really changed a lot.

> ⓐ childish ⓑ indecisive ⓒ stubborn
> ⓓ considerate ⓔ down-to-earth ⓕ sense of humor

교제
만나면 좋은 친구

우리 우정 영원히~!

우리는 다양한 사람을 만나고 그들과의 관계 속에 살고 있습니다. 학교 친구, 회사 동료와 알게 되고, 어울리며 공통점을 찾고, 친하게 지내다가 다투고 화해하기도 합니다. 오늘은 교제와 관련된 표현들을 알아봅시다.

acquaintance

[əkwéintəns]

🄝 아는 사람, 지인

We are not close. He is just an old business **acquaintance**.

우리는 친하지는 않아요. 그저 일 때문에 오래 알고 지내는 사이입니다.

> **친절한 보카샘**
>
> friend만큼 가깝지 않은, 그저 알고 지내는 지인을 뜻하는 단어입니다.

colleague

[káli:g]

🄝 직장 동료

Jess is one of my **colleagues** from the office.

Jess는 사무실 동료 중 한 명입니다.

> **친절한 보카샘**
>
> '직장 동료'를 나타내는 말로 coworker, associate도 쓸 수 있습니다.

break the ice

🄟 어색한 분위기를 깨다

How about playing a game to **break the ice**?

어색한 분위기를 깨기 위해 게임을 하는 건 어때요?

> **친절한 보카샘**
>
> icebreaker는 잘 모르는 사람들 사이의 어색한 분위기를 깨기 위해 하는 농담이나
> 게임을 말합니다.

get to know

🄟 알게 되다, 익숙해지다

Emma is not so bad once you **get to know** her.

Emma는 알고 보면 그렇게 나쁘지 않아.

Let's **get to know** each other.

서로 알아가도록 하죠.

hang out with

phr ~과 시간을 보내다, 어울리다

A: What are you doing this weekend? 이번 주말에 뭐 해 !?

B: I'll **hang out with** my friends. 친구들이랑 시간을 보낼 거야.

친절한 보카샘

'함께 놀다'는 의미를 표현하기 위해 play를 쓰면 보통 운동을 한다거나 어린이들끼리 노는 것을 의미합니다.

have a lot in common

phr 공통점이 많다

We **have a lot in common**. We both love books.

우리는 공통점이 많아. 둘 다 책을 사랑하지.

친절한 보카샘

반대로 공통점이 없을 때는 have nothing in common이라고 표현하면 되지요!

· I **have nothing in common** with Daisy.

  저는 Daisy랑 공통점이 전혀 없어요.

hit it off

phr 죽이 잘 맞다, (만나자마자) 친해지다

I **hit it off** with Harry the first time we met, and we've been best friends since then.

나는 Harry랑 처음 보자마자 죽이 잘 맞아서 그때부터 가장 친한 친구야.

친절한 보카샘

'서로 잘 맞다, 잘 지내다'를 나타내는 표현으로 get along well도 흔히 사용합니다.

· I'm sure you would **get along well** with my friends.

  너는 내 친구들이랑도 분명 잘 지낼 거야.

see eye to eye

phr 의견을 같이 하다, 동의하다

Sue does not **see eye to eye** with me on this issue.

Sue는 이 문제에 대해서 나랑 의견이 달라요.

treat
[triːt]

ⓥ 대접하다, 한턱내다

What will you have? I'll **treat** you! 뭐 먹을래? 내가 한턱낼게!

⚑ 친절한 보카샘

친구나 동료들과 함께 식사를 할 때 종종 하는 말입니다. It's on me.(내가 낼게.)라고 표현할 수도 있습니다. 하지만 주머니 사정을 고려해서 웬만하면 go dutch(더치페이, 즉 각자 자신이 쓴 만큼 비용을 내다)하거나 split the bill(비용을 똑같이 분담해서 내다)하는 게 낫지 않을까요?

fair-weather friend

phr 좋을 때만 친구

I came to know that Erin was a **fair-weather friend** when I got into trouble.
내가 곤경에 빠졌을 때 Erin이 좋을 때만 친구였다는 것을 알게 되었어.

⚑ 친절한 보카샘

fair weather는 '좋은 날씨'를 뜻하죠. 그래서 fair-weather friend는 날씨가 좋을 때, 즉 내가 형편이 좋고 잘 나갈 때만 친한 척하는 친구 같지 않은 친구를 뜻하는 표현입니다. 반면 내가 힘들 때 기댈 수 있는 친구는 a shoulder to cry on이라고 표현할 수 있습니다.

count on

phr 의지하다

Jina is a close friend I can **count on**.
Jina는 내가 의지할 수 있는 가까운 친구입니다.

keep in touch

phr 연락하고 지내다

I still **keep in touch** with friends from high school.
저는 고등학교 시절 친구들과 여전히 연락하고 지내요.

⚑ 친절한 보카샘

반대로 연락이 끊길 경우에는 lose touch with ~라는 표현을 씁니다.
• I **lost** touch with him about a year ago.
  나는 약 1년 전에 그 사람과 연락이 끊겼어.

quarrel
[kwɔ́(ː)rəl]

Ⓥ 말다툼하다

I really don't want to **quarrel** with you.

나는 정말 너랑 말다툼하고 싶지 않아.

🔖 친절한 보카쌤

'싸우다'라고 할 때 흔히 떠올리는 단어가 fight, quarrel, argue입니다. fight는
몸으로 치고 박고 싸우는 것을 의미합니다. quarrel은 사소한 말다툼을 뜻하지요.
argue는 주장의 옳고 그름을 논리적으로 따지는 언쟁을 하는 것을 의미합니다.

make up

phr 화해하다

I hope you two **make up**.

두 분이 화해하길 빌어요.

1. mate

roommate
방을 나눠 쓰는 친구

classmate
같은 학급 친구

playmate
함께 노는 친구

2. pal

pen pal
편지를 주고받는 친구

E-pal(Electronic pal)
이메일을 주고받는 친구

3. 친구를 나타내는 그 외의 표현들

buddy
함께 시간을 보내는 친구, friend보다 친근

dude
우리말의 '이 녀석' 정도의 의미

companion
삶을 함께하는 '벗'의 의미

Daily Review

Ⓐ 우리말 뜻에 알맞은 단어를 연결해 보세요.

1 ~과 시간을 보내다 •   • ⓐ colleague

2 화해하다   •   • ⓑ fair-weather friend

3 말다툼하다   •   • ⓒ treat

4 좋을 때만 친구   •   • ⓓ make up

5 직장 동료   •   • ⓔ acquaintance

6 한턱내다   •   • ⓕ hang out with

7 지인, 아는 사람 •   • ⓖ quarrel

Ⓑ 대화의 빈칸에 들어갈 알맞은 표현을 찾아보세요.

A: Do you remember the freshman orientation where we first met? It was so awkward.

B: You can say that again. I told a few jokes to ___**1**___, but nobody laughed.

A: Everybody was quite nervous. It took some time to ___**2**___ each other.

B: Right. We sat next to each other on the first day of Chinese class and instantly ___**3**___.

A: I was surprised to find out that we ___**4**___. We both loved basketball.

B: Pizza, too! We must have eaten hundreds of pizzas together.

A: Oh, I miss those days. I've ___**5**___ you a lot.

B: Me, too. Let's ___**6**___ while you are studying abroad.

> ⓐ keep in touch   ⓑ hit it off   ⓒ counted on
> ⓓ get to know   ⓔ had a lot in common   ⓕ break the ice

연애와 결혼
낭만적 연애와 그 후~

연애의 쓴맛

이성에게 호감을 갖고 애를 태우다 연애를 시작합니다. 이성과 사귀다가 헤어지기도 하고 결혼에 이르기도 합니다. 누구에겐 쉽지만, 누구에겐 너무나 어려운 연애. 오늘은 연애와 관련된 표현들을 알아봅시다.

blind date

phr 소개팅

A: Are you seeing someone? 만나는 사람 있니?

B: No, I'd like to go on a **blind date**. 아니. 소개팅하고 싶어.

친절한 보카샘

서로 만난 적 없고 모르는 남녀를 소개해 주는 것을 blind date라고 합니다. 두 남녀를 소개해 줄 때 set A up with B(A와 B를 엮어 주다. 만남을 주선하다)라고 표현할 수 있습니다.
- Henry **set me up with his friend**.
  Henry가 나와 자기 친구를 만나게 해 줬어요.

---

crush

[krʌʃ]

n 한눈에 반함

Amber has a **crush** on him.

Amber는 그에게 한눈에 반했어.

---

ask out

phr 데이트 신청하다

Robert is so cute. I'm going to **ask** him **out**.

Robert는 너무 귀여워. 나는 그에게 데이트 신청할 거야.

친절한 보카샘

'데이트하다. 사귀다'라는 뜻으로 go on a date. go out with라는 표현을 사용합니다.
- Let's **go on a date**. 데이트합시다. (=우리 사귑시다.)
- Lucy is **going out with Tim**. Lucy는 Tim이랑 사귀어.

---

ideal

[aidí(:)əl]

adj 이상적인

He is my **ideal** man! 그는 나의 이상형이야!

친절한 보카샘

'이상형'을 표현할 때 ideal 뒤에 type보다는 man. woman을 넣어 표현합니다. 이 외에도 dream girl[guy]. Mr.[Ms.] Right 등의 표현이 있습니다.
- Angela is my **dream girl**. Angela는 나의 이상형이죠.

chemistry
[kémistri]

ⓝ (남녀 사이의) 강한 끌림

There was no **chemistry** between my ex-boyfriend and me. 전 남자 친구와 나 사이에는 강한 끌림이 없었어.

친절한 보카샘

우리말에도 '케미가 통한다'는 말이 있습니다. 그때의 케미가 바로 chemistry를 말하는 거죠. 보통 남녀 사이에 '잘 통한다, 코드가 맞는다'라고 표현하고 싶을 때 쓸 수 있는 표현입니다.

sweetheart
[swí:thà:rt]

ⓝ 애정 어린 호칭, 애인, 연인

Sweetheart, I miss you so much. 자기야. 너무 보고 싶어요.

친절한 보카샘

sweetheart는 연인, 부부 사이뿐 아니라 가족이나 친구를 부를 때도 쓸 수 있습니다. sweetie, honey, darling, dear, baby 등 다양한 애칭이 있습니다. 요즘엔 baby의 줄임말, 혹은 Before Anyone Else의 줄임말인 bae도 있습니다.

jealous
[dʒéləs]

adj 질투하는

A: I saw you with Becky in the library.
   너랑 Becky랑 도서관에 있는 거 봤어.

B: Are you **jealous** of Becky now?
   너 지금 Becky 질투해?

cheat on

phr ~을 속이고 바람을 피우다

Kyle must be **cheating on** his girlfriend.
Kyle은 여자 친구를 속이고 바람을 피우고 있는 게 틀림없어.

친절한 보카샘

have an affair라는 표현도 사용합니다.
· It is not shocking that Mr. White has been **having an affair** with his secretary. White 씨가 비서와 바람을 피우고 있다는 건 놀랍지도 않아.

dump
[dʌmp]

ⓥ (교제하는 사람을) 차다

A: I got **dumped** by Dana.
　Dana한테 차였어.

B: Sorry to hear that.
　저런, 안 됐다.

break up

phr 헤어지다

I think Ethan should **break up** with her.
나는 Ethan이 그녀와 헤어져야 한다고 생각해.

◢ 친절한 보카쌤

split up, be over, be finished 등의 표현도 쓸 수 있습니다.
· My mother **split up** with my father years ago.
　어머니는 아버지와 수년 전에 헤어지셨어.
· Now I'm truly **over** him. 이제 나 정말로 그와 헤어졌어.

proposal
[prəpóuzəl]

ⓝ 청혼, 프로포즈

It was such a romantic **proposal**. We're going to get married next year.
정말 로맨틱한 프로포즈였어요. 우리는 내년에 결혼할 거야.

◢ 친절한 보카쌤

'~에게 청혼하다'라고 표현하고 싶을 때는 propose to ~를 사용합니다.
· **Joan has proposed to** her boyfriend. Joan이 남자 친구에게 청혼했어.
pop the question이란 표현도 많이 사용합니다.
· I will **pop the question** with a ring and flowers.
　나는 반지와 꽃으로 청혼할 거야.

tie the knot

phr 결혼하다

They are finally going to **tie the knot** this spring.
걔네들 이번 봄에 마침내 결혼한대.

◢ 친절한 보카쌤

직역을 하면 '매듭을 묶다'라는 표현입니다. 결혼으로 두 남녀를 묶어 준다는 의미겠지요!

matchmaker
[mǽtʃmèikər]

ⓝ 중매쟁이

Clara is a famous **matchmaker** who turns singles into couples.

Clara는 솔로들을 커플로 만드는 유명한 중매쟁이예요.

◀ 친절한 보카쌤

결혼을 중매하는 것을 matchmaking이라고 합니다. '중매결혼'은 arranged marriage, '연애결혼'은 romantic marriage라고 표현할 수 있습니다.

anniversary
[æ̀nəvə́:rsəri]

ⓝ 기념일

It's our third wedding **anniversary**.

결혼 3주년 기념일이랍니다.

◀ 친절한 보카쌤

'결혼 25주년'은 a silver wedding anniversary(은혼식), '결혼 50주년'은 a golden wedding anniversary(금혼식)라고 한답니다.

오늘의 심화 어휘: 결혼, 약혼, 이별

get engaged with ~
~과 약혼하다

fiancé 약혼남
fianceé 약혼녀

get married with ~
~과 결혼하다

groom 신랑
bride 신부

hold a wedding reception
결혼 피로연을 열다

go on a honeymoon
신혼여행 가다

get divorced
이혼하다

lose a spouse
사별하다

widow 과부
widower 홀아비

Daily Review

Ⓐ 우리말 뜻에 알맞은 단어를 연결해 보세요.

1 청혼, 프로포즈 •	• ⓐ anniversary
2 한눈에 반함 •	• ⓑ jealous
3 기념일 •	• ⓒ matchmaker
4 질투하는 •	• ⓓ sweetheart
5 (교제하는 사람을) 차다 •	• ⓔ proposal
6 애정 어린 호칭 •	• ⓕ tie the knot
7 중매쟁이 •	• ⓖ dump
8 결혼하다 •	• ⓗ crush

5

사람

Ⓑ 대화의 빈칸에 들어갈 알맞은 표현을 찾아보세요.

A: How was your ___**1**___ ?

B: It was perfect. We had great ___**2**___ .

A: Wow, he must be your ___**3**___ man.

B: Exactly. I have a crush on him. I will ___**4**___ right now.

[3 months later]

A: How are you and your boyfriend doing?

B: I ___**5**___ with him. I saw him kissing a girl.

A: Gee, did he ___**6**___ you? Forget about him and meet a new guy. I will set you up.

B: No. I got hurt. I don't want to fall in love again.

ⓐ chemistry ⓑ blind date ⓒ cheat on ⓓ ideal ⓔ ask him out ⓕ broke up

---

A 우리말 뜻에 해당하는 표현의 기호를 쓰세요.

1 _____ 입양하다
2 _____ 자영업의
3 _____ 대머리의
4 _____ 열린 마음의
5 _____ 의지하다
6 _____ 소개팅
7 _____ 결혼하다

> ⓐ count on
> ⓑ bald
> ⓒ self-employed
> ⓓ open-minded
> ⓔ tie the knot
> ⓕ adopt
> ⓖ blind date

B 빈칸에 들어갈 알맞은 표현을 고르세요.

1 Gloria is due to _____ as school principal next year.
　ⓐ dump　　　　　ⓑ retire　　　　　ⓒ treat

2 Dave is so _____ that he does not know what he wants.
　ⓐ outgoing　　　ⓑ stubborn　　　ⓒ indecisive

3 Saying 'yes' to the boss might increase your chances of a(n) _____.
　ⓐ chemistry　　　ⓑ promotion　　　ⓒ anniversary

4 Although we had a huge fight, we _____ and got closer.
　ⓐ made up　　　　ⓑ got paid　　　　ⓒ passed away

정답 A. 1 ⓕ 2 ⓒ 3 ⓑ 4 ⓓ 5 ⓐ 6 ⓖ 7 ⓔ　B. 1 ⓑ 2 ⓒ 3 ⓑ 4 ⓐ

ⓒ 알맞은 표현을 골라 문장을 완성하세요.

> ⓐ puberty   ⓑ sensitive   ⓒ average height   ⓓ see eye to eye   ⓔ in charge of

1 She is _____, but looks taller because she is slim.

2 Andrew looks very tough, but he's actually pretty _____.

3 Can I speak to the person who is _____ the marketing department?

4 A variety of physical and emotional changes take place during _____.

5 Jeff and I do not talk about politics because we never _____ on certain issues.

ⓓ 우리말 뜻에 맞게 문장을 완성하세요.

1 He works out everyday, so he is _____.
그는 매일 운동을 해서 체격이 좋아요.

2 Daniel used to _____ _____ _____ musicians to become a singer.
Daniel은 가수가 되기 위해 음악가들과 시간을 보내곤 했어요.

3 I am _____ _____ _____, but I still can't figure out what to do with my life.
저는 20대이지만 여전히 어떻게 인생을 살아가야 하는지 모르겠습니다.

4 You seem ready to explode all the time. You have to control your _____ _____.
너는 언제나 폭발할 것처럼 보여. 화를 잘 내는 성격을 조절해야 해.

개념어

CHAPTER 6
개념어

DAY 36

시간
시간 좀 잘 지켜

뭐? 일기를 몰아 쓴다고?

우리는 시간에 관한 이야기를 하루에도 여러 번 합니다. 그런데 '시간'을 얼마나 잘 지켜야 하는지에 대한 생각은 나라별로 다릅니다. 미국의 경우 시간을 지키는 것을 매우 중요하게 생각하며, 시간이 곧 돈이라고 생각하므로 미국에서는 모든 일을 할 때 deadline(마감 시간)은 반드시 지켜야 함을 명심하세요!

on time

phr 시간에 맞춰, 정시에

Mom: Mrs. Peterson, did James arrive at school **on time**?

엄마: Peterson 선생님, James가 시간에 맞춰 학교에 도착했나요?

친절한 보카샘

on time과 거의 비슷한 의미를 갖고 있는 단어는 in time이에요. 그런데 둘의 차이는 무엇일까요? 둘 다 제시간에 도착한다는 의미이지만 in time은 on time에 비해 더 심장이 두근두근 거리는 상황에서 많이 쓰여요. '버스가 곧 출발하는데 제시간에 도착할 수 있을까?', '8시 55분인데 출근 시간인 9시 전에 도착할 수 있을까?'라는 상황에서는 in time을 많이 써요.
· Do you think we can make it to the station **in time**?
  우리가 역에 제시간에 도착할 수 있을까?

delay
[diléi]

v 연기하다; 늦다, 지연시키다

Heavy rain **delayed** the plane's landing.

비가 너무 많이 와서 비행기의 착륙이 연기되었습니다.

recent
[ríːsənt]

adj 최근의

News of the **recent** accident in North Korea is all over the radio. 최근 북한에서 발생한 사고에 대한 뉴스가 라디오에서 계속 나옵니다.

친절한 보카샘

recent는 형용사보다 recently(부사)로 많이 쓰이며 뜻은 '최근에'입니다.
· Until very **recently**, there was no need to wear masks when going out. 최근까지 우리는 밖에 나갈 때 마스크를 쓰지 않아도 되었어요.

weekly
[wíːkli]

adj 매주의, 주 1회의

Son Heungmin, a famous soccer player, earns 18 million pounds **weekly**.

유명한 축구선수인 손흥민은 매주 1800만 파운드를 법니다.

친절한 보카샘

■ daily 매일 / monthly 매달 / yearly 매년

due date

phr (마감) 기일, 마감일

A surcharge will be added onto the amount of the fine not paid before the **due date**.

(마감) 기일 전에 내지 않은 과태료에 대해 가산금이 부과될 것입니다.

> **친절한 보카샘**
>
> due date와 deadline은 모두 마감을 나타내는 단어들입니다. 일반적으로 due date보다는 deadline이 더 공식적이고 마감 기한이 엄격한 경우에 많이 쓰이지만 보통은 둘 중 어떤 것을 써도 무방합니다.
> · When is the **deadline** for submitting the annual report for the state administration audit? 국정 감사를 위한 연차 보고서는 언제까지 제출해야 해?

midnight
[mídnàit]

n 자정, 밤 12시

Cinderella: It's like a dream. A wonderful dream come true.

신데렐라: 꿈같아요. 멋진 꿈이 현실이 되었어요.

Fairy: Yes, my child, but like all dreams, it can't last forever. You only have the magic until **midnight**.

요정: 그래, 애야. 그런데 모든 꿈들처럼 마법은 자정까지만 계속돼. 영원할 수 없어.

during
[dúriŋ]

prep (기간) 동안

My daughter Gaon had to take online classes **during** the coronavirus pandemic.

제 딸 가온이는 코로나 감염병 기간 동안 온라인 수업을 들어야 했어요.

> **친절한 보카샘**
>
> during과 while은 모두 '~ (기간) 동안'이라고 해석됩니다. 그런데 during 뒤에는 summer vacation, winter, blackout period(정전이 되었을 때), her absence(그녀가 결석을 했을 때) 등 기간을 나타내는 명사가, while 뒤에는 (주어와 동사를 포함하는) 절이 오는 경우가 많습니다.

quarter
[kwɔ́ːrtər]

n 15분; 1/4, 25%

Jessie : What time are we going to meet tomorrow?

Jessie : 내일 우리 몇 시에 만날까?

William : Um... what about **quarter** past two?

William : 음… 2시 15분 어때?

the other day

phr 며칠 전에(=few days ago)

I submitted my homework late **the other day**.

며칠 전에 나는 과제를 늦게 제출했어.

---

dawn
[dɔːn]

n 동이 틀 무렵, 새벽

Be careful when going to the gym, Jessy. It's chilly and foggy at **dawn**.

헬스장에 갈 때는 조심해 Jessy야. 동이 틀 무렵에는 공기가 차고 짙은 안개가 끼거든.

---

ago
[əɡóu]

adv 얼마 전에

It was only a few seconds **ago** when mom realized that James was late for school.

엄마는 James가 학교에 늦었다는 것을 몇 초 전에 아셨어요.

📢 친절한 보카샘

우리는 '옛날 옛적에'라는 표현을 할 때 long long time ago라고 말합니다. 하지만 원어민들은 이러한 표현을 쓰지 않는다는 사실, 알고 계셨나요? 원어민들은 a long time ago라는 표현을 씁니다. 그리고 전래 동화를 시작할 때는 once upon a time을 사용하는 것이 좋습니다. Once upon a time, tigers smoked in the mountains in Korea.(옛날 옛적에 한국에서는 호랑이가 산에서 담배를 피웠다.)라고 하는 것이 더 nativelike(원어민 같은) 표현입니다.

---

until
[əntíl]

prep ~까지

Witherspoon and I went to bed and slept **until** noon because we went to Mt. Geumjeong in Busan yesterday.

어제 부산에 있는 금정산에 다녀와서 Witherspoon과 나는 정오까지 잤어요.

local time

> **phr** 현지 시각

During the flight, set your watch to match the **local time** at your destination.

비행 중에 시계를 목적지의 현지 시각으로 맞추세요.

🔊 친절한 보카샘

지구는 자전을 하므로 지역마다 시간이 다른데, 각 지역의 시각을 local time이라고 합니다. 우리나라는 미국의 워싱턴보다 14시간이 빨라요. 한국이 오전 9시라면 워싱턴은 하루 전날 저녁 7시인 거죠. 그리고 미국은 여름에 시계를 1시간 앞으로 당겨서 summertime을 사용해요. 그래서 여름에 우리나라와 워싱턴은 13시간만 차이가 나게 된답니다.

rarely
[réərli]

> **adv** 드물게, 거의 ~하지 않는

Everyone in George's family went to his grandmother's house. Left alone, George **rarely** did homework and watched Netflix all day.

George의 가족들은 모두 외할머니댁에 갔어요. 집에 홀로 남겨진 George는 숙제는 거의 하지 않고 하루 종일 넷플릭스만 봤어요.

오늘의 심화 어휘: 시간을 나타내는 다양한 방법

It's one oh five.
It's five past one.

It's two thirty.
It's half past two.

It's four forty-five.
It's fifteen to five.
It's a quarter to five.

It's nine fifty.
It's ten to ten.

〈빈도를 나타내는 표현〉

0%	←→		50%		←→		100%
Negative				Positive			
never not ever	almost never hardly ever	rarely seldom	occasionally sometimes	often frequently	generally normally usually	mostly	always

Daily Review

A 우리말 뜻에 알맞은 단어를 연결해 보세요.

1 연기하다 ·   · ⓐ on time

2 최근의 ·   · ⓑ weekly

3 드물게, 거의 ~하지 않는 ·   · ⓒ delay

4 현지 시각 ·   · ⓓ rarely

5 매주의, 주 1회의 ·   · ⓔ recent

6 시간에 맞춰 ·   · ⓕ local time

B 대화의 빈칸에 들어갈 알맞은 표현을 찾아보세요.

A: Good morning, James. You look tired. Were you up ___1___ late last night? I saw the light was on in your room around ___2___.

B: Yeah, I was up all night finishing up the homework for the winter vacation. Phew, I wrote up my diary for the past 40 days. I finally finished it just before ___3___.

C: You did? Wow, what a novelist! When is the ___4___?

B: Tomorrow.

D: You know what? I was up all night ___5___ doing my homework, and I was the only one who got a perfect score.

B: It is R-E-A-L-L-Y I-R-R-I-T-A-T-I-N-G!

E: James! You are so rude! Grace is your big sister! She is 25 years old!

B: So what? How does it feel to be a(n) ___6___ of a century old, Grace?

ⓐ due date   ⓑ quarter   ⓒ midnight   ⓓ dawn   ⓔ the other day   ⓕ until

DAY
37

수
삶은 숫자와 뗄 수 없어요

수는 일상에서 많이 쓰여요!
수학을 싫어하는 사람들은 많지만 우리는 숫자 없이는 살 수 없습니다. 오늘은 숫자와 관련된 표현에 대해 알아보도록 해요.

multiply
[mʌ́ltəplài]

ⓥ 곱하다

A ten-year-old girl, Mathilda, is learning to **multiply** and divide.

10살 소녀인 Mathilda는 곱하기와 나누기를 배우고 있습니다.

calculus
[kǽlkjələs]

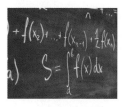

ⓝ 미적분학

Subjects like **calculus** can not be learned without putting in a lot of effort.

미적분학 같은 과목들은 많은 노력을 해야 배울 수 있어요.

countless
[káuntlis]

adj 셀 수 없이 많은

I've heard the BTS song 'Daytime' played **countless** times on the radio.

나는 BTS의 'Daytime'이라는 노래가 라디오에서 셀 수 없이 많이 흘러나오는 것을 들었어요.

> ◣ 친절한 보카샘
> ■ little: (셀 수 없는 명사 앞) 거의 없는
> ■ few: (셀 수 있는 명사 앞) 거의 없는
> ■ a lot of, lots of: (셀 수 있는 명사 앞, 셀 수 없는 명사 앞) 많은

odd number

phr 홀수

Animals by nature don't have an **odd number** of leg, but an even number of leg.

동물들은 자연적으로 홀수개의 다리를 갖지 않고 짝수개의 다리를 가집니다.

> ◣ 친절한 보카샘
> ■ even number 짝수
> ■ natural number 자연수
> ■ integer 정수

6
개념어

do math in one's head

phr 암산하다

I know a child who **does math in her head**.

나는 암산을 하는 어린이를 알고 있어요.

million

[míljən]

n 100만

South Korea had a total population of 51.83 **million** in 2020. 2020년에 대한민국의 총인구는 5,183만 명이었습니다.

친절한 보카샘

- ten thousand 1만
- hundred thousand 10만
- billion 10억
- trillion 1조
- thanks a million 정말 고마워

-dimensional

[diménʃənəl]

HANGING **BOX**
SINGLE GLUING

adj ~차원의

By using three-**dimensional** imaging, Dr. Lee told Robodoc exactly where she wanted to put the implant.

3차원 이미지를 사용하여, Dr. Lee는 Robodoc(로봇 의사)에게 그녀가 정확히 어디에 이식물을 주입하기를 원하는지 알려 주었습니다.

친절한 보카샘

- two-**dimensional** 2차원의(2D의)
- three-**dimensional** 3차원의(3D의)

algebra

[ǽldʒibrə]

n 대수학

In **algebra**, the variable 'x' usually denotes an unknown quantity.

대수학에서 변수 'x'는 일반적으로 미지수를 의미합니다.

triple
[trípl]

adj 세 배의

Because of the tight project schedule, I earned **triple** wage for my work.

프로젝트의 스케줄이 빡빡해서 나는 나의 작업에 대해 월급의 세 배를 벌었어요.

친절한 보카샘

- double = two times 두 배
- three times 세 배
- four times 네 배

point
[pɔint]

n 소수점

To divide by a hundred, move the (decimal) **point** two places to the left.

(숫자를) 100으로 나눌 때는, 소수점을 왼쪽으로 두 자리 옮기세요.

outnumber
[àutnʌ́mbər]

v ~보다 수가 더 많다

In general, our failures vastly **outnumber** our successes.

일반적으로 성공보다는 실패 횟수가 훨씬 많아요.

mile
[mail]

n 마일

Joanna walked 20 **miles** without her bag.

Joanna는 가방 없이 20마일을 걸었어요.

친절한 보카샘

미국은 한국과는 다른 단위를 사용하는데, 자세히 알아봅시다.

- 1 km = 0.62 mile
- 1 m = 39.37 inch
- 1 m^2 = 10.76 ft^2
- 1 kg = 35.27 oz

good with numbers

phr 수 감각이 뛰어난, 수학을 잘하는
Catherine is the one who is really **good with numbers**.
She is like an accountant.
Catherine은 수 감각이 뛰어난 아이예요. 그녀는 마치 회계사 같아요.

handful
[hǽndfùl]

n 한 줌, 한 움큼
My son picked up a **handful** of stones and began throwing them at us.
내 아들이 돌을 한 줌 쥐어서 그것들을 우리에게 던지기 시작했어요.

오늘의 심화 어휘: 수를 활용한 관용 표현들

back to square one 처음으로 다시 돌아가다	**two peas in a pod** 매우 비슷하게 생긴 두 사람	**It takes two to tango.** 손바닥도 마주쳐야 소리가 난다.	**put in one's two cents** 의견을 내다

nine-to-five job 오전 9시부터 오후 5시까지 일하는 직장(일반적인 사무직)	**on cloud nine** 기분이 매우 좋은	**have one too many** 술에 취한	**a million and one** 아주 많이

Daily Review

Ⓐ 우리말 뜻에 알맞은 단어를 연결해 보세요.

1 곱하다 ·   · ⓐ outnumber

2 홀수 ·   · ⓑ handful

3 암산하다 ·   · ⓒ multiply

4 ~보다 수가 더 많다 ·   · ⓓ odd number

5 한 줌 ·   · ⓔ -dimensional

6 ~차원의 ·   · ⓕ do math in one's head

Ⓑ 대화의 빈칸에 들어갈 알맞은 표현을 찾아보세요.

A: Liam, I heard that you got admission in Phillips Academy. Congratulations!

B: Thanks. But it is too far from my house. It is 60 ____**1**____ away. Furthermore, I have to take algebra and calculus classes.

A: What do you learn in those classes?

B: In the ____**2**____ class, we learn about vectors. And in the ____**3**____ class, we learn about functions, derivatives and integral calculus.

A: It sounds difficult to study. Indeed, I'm very ____**4**____ but I might not be able to do well on those subjects.

B: No, way. You can do it. You are only 10 years old. Anyway, in the high school curriculum, the number of subjects which I have to study ____**5**____ the junior high school number.

A: Really? I'm sure that you will get good grades.

B: Thanks ____**6**____.

> ⓐ good with numbers   ⓑ miles   ⓒ calculus
> ⓓ triples   ⓔ a million   ⓕ algebra

DAY

38

디자인

기왕이면 다홍치마

거실 분위기 좀 바꿔 볼까?

우리가 사는 집, 일하고 생활하는 여러 장소, 사용하는 물건들, 입는 옷 등 매일의 삶에서 늘 경험하는 것들의 무늬, 색, 모양, 질감을 표현해 볼까요?

plain 민무늬의	**polka-dotted** 물방울무늬의	**striped** 줄무늬의
chevron 셰브런무늬의	**checkered** 체크무늬의	**plaid** 격자무늬의
floral 꽃무늬의	**animal-print** 동물무늬의	**geometric** 기하학무늬의

6
개념어

shape
[ʃeip]

Ⓝ 모양

What do you call this **shape**? 이런 모양을 뭐라고 하죠?

circle　triangle　rectangle

oval　rhombus　heart

texture
[tékstʃər]

Ⓝ 질감, 감촉

I love the smooth **texture** of silk.

저는 실크의 매끄러운 질감을 좋아해요.

🔊 친절한 보카샘

질감이란 사물의 표면이나 소재에서 느껴지는 시각적이고 촉각적인 성질이죠. 옷감이 wrinkly(구김이 간) 또는 damp(축축한)하다거나, 가구의 표면이 hard(단단한) 또는 shiny(매끄럽고 반질한 빛이 나는)하다거나, 음식이 crispy(바삭한), chewy(쫀득한), tough(질긴)하다고 표현할 수 있어요.

primary color

RGB   CMYK

phr 원색

Red, green, and blue, often abbreviated as RGB, are the **primary colors** of light, and you can make all other colors by mixing them.

종종 줄여서 RGB라고 하는 빨강, 초록, 파랑은 빛의 원색인데, 이것들을 섞어서 다른 모든 색을 만들 수 있어요.

neutral
[njúːtrəl]

adj (색이) 무채색의; (태도가) 중립적인; (성질이) 중간의

I like the matte finish of this paint, so can I see this in **neutral** colors?

이 페인트의 무광 마감이 맘에 드네요. 그럼 이 마감으로 된 무채색 페인트를 볼 수 있을까요?

shade
[ʃeid]

n 색조, 음영

Try a darker **shade** of blue to give a peaceful but powerful punch to your room.

더 어두운 색조의 파랑을 써 보면 방에 평온하면서도 강렬한 활기를 줄 거야.

친절한 보카샘

색(color)의 특성은 '색상(hue), 채도(saturation), 명도(value)'라는 색의 3요소에 따라 결정됩니다. 색상은 우리가 흔히 말하는 빨강, 파랑, 노랑 등이죠. 채도는 맑고 탁한 정도를, 명도는 밝고 어두운 정도를 말해요. 채도와 명도는 tint, tone, shade라는 '색조'에 따라 달라지는데, 색소(pigment)에 다른 색을 섞어서 전반적인 색의 느낌을 조절해요. tint는 흰색을 섞어서 점차 밝고 화사하고 은은한(pastel) 느낌을, tone은 회색을 섞어서 다소 차분하고 부드럽고(soft) 우아한 느낌을, shade는 검정을 섞어서 점차 어두우면서 강렬하고 풍부한(rich) 느낌을 준답니다.

vivid
[vívid]

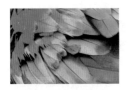

adj (빛 · 색 등이) 선명한, 밝고 강렬한; (기억이) 생생한

The fabric is dyed **vivid** yellow. 옷감이 선명한 노랑으로 염색되었어요.

친절한 보카샘

vivid colors는 채도가 높아서 선명하고 강렬한 인상을 주는 색이에요.
〈색을 묘사하는 표현들〉
bold 강렬한 / deep 진하고 깊은 / bright 화사한 / vibrant 생동감 넘치는 /
warm 따스한 / cool 시원한 / pale 옅은 / delicate 은은한 / muted 차분한

solid
[sɑ́lid]

adj 실선의; 단단한; 순수한

Can you change the outer borders of the table into thicker **solid** lines? 표의 외곽선을 더 두꺼운 실선으로 바꾸어 줄 수 있나요?

친절한 보카샘

solid는 묘사하는 대상에 따라, 물체가 '단단한, 고체의, 튼튼한', 금이나 소재가 '(다른 것이 섞이지 않고) 순수한', 사람이 '믿음직한'처럼 다양하게 활용할 수 있습니다.

vertical
[vɜ́ːrtikəl]

adj 수직의, 세로의

These blackout window shades move in a **vertical** direction, automatically rolling up and down at the touch of a button.

이 암막 창문 차양은 손쉽게 버튼만 누르면 자동으로 위아래로 말리며 수직으로 움직여요.

rectangular
[rektǽŋgjulər]

adj 직사각형의

I guess we should now redesign our cell phones in shapes other than the typical **rectangular** ones.

이제는 휴대폰을 전형적인 직사각형 모양이 아닌 다른 모양으로 다시 디자인해야 할 것 같아요.

친절한 보카샘

영어는 '4각형'이란 단어 대신 정사각형(square), 직사각형(rectangle), 마름모 (rhombus), 평행사변형(parallelogram)으로 구별해요.

〈각종 도형〉

- circle(원), semi-circle(반원), ellipse(타원), oval(계란형), triangle(삼각형), pentagon(오각형), hexagon(육각형) → 평면도형
- sphere(구), cone(원뿔), cylinder(원기둥), cube(정육면체), pyramid(각뿔), prism(각기둥) → 입체도형

rounded
[ráundid]

adj (모서리나 모양이) 둥근, 둥글둥글한

I am looking for a square dining table with **rounded** corners.

모서리가 둥근 정사각형 식탁을 찾고 있어요.

6

개념어

rough
[rʌf]

adj (표면이 고르지 않아) 거친

Be careful not to get scratched from the **rough** surface.

표면이 거치니 긁히지 않도록 조심해요.

> ◢ 친절한 보카샘
>
> rough는 도로 표면이 울퉁불퉁할 때, 나무, 돌 등 소재의 표면이 고르지 않을 때, 종이, 옷감 등을 자른 마감이 깔끔하지 않을 때도 사용해요. rough draft도 자주 쓰이는데, 글, 그림 등 다듬어지지 않은 '초고, 습작'을 뜻해요.
>
> 〈표면의 질감을 묘사하는 표현들〉
>
> rugged 바위투성이의, 험한 / coarse 입자가 크고 거친 / cracked 금이 간 / jagged 뾰족하고 들쭉날쭉한 / even 평평하고 고른 / slippery 미끄러운 / smooth (결이) 매끈한 / silky 매끈하면서 은은한 실크 광이 나는 / polished (잘 닦아서) 윤[광]이 나는 / sparkling (보석처럼) 반짝이는 / glossy (머리카락이나 입술 등이 촉촉하게) 윤기 있는 / matte 무광의

stiff
[stif]

adj 뻣뻣한

The towels are **stiff** because I let them air-dry the other day.

저번에 수건을 공기 중에 말렸더니 수건이 뻣뻣하네요.

soft
[sɔ(ː)ft]

adj (색·모양·질감·맛 등이) 부드러운

Your armchair feels really good to the touch thanks to this super **soft** leather.

이 가죽이 엄청 부드러워서 네 안락의자 촉감이 정말 좋아.

> ◢ 친절한 보카샘
>
> soft는 색에 쓰면 '밝고 부드럽고 파스텔인', 모양이라면 '동글동글한', 무늬라면 '둥근 선 등으로 연약하고 섬세한 느낌을 주는', 질감이라면 '표면이 부드럽고 소재가 폭신하며 유연한', 음식이라면 '담백하면서 약간 달콤한' 맛과 '부드러워 씹기 쉬운' 식감을 표현해요.

fluffy
[flʌfi]

adj (솜털이나 깃털 같은 것으로 만들어져) 푹신한, 솜털 같은

I can't live without this **fluffy** blanket.

이 푹신한 담요 없이는 못 살 거 같아.

Daily Review

Ⓐ 우리말 뜻에 알맞은 단어를 연결해 보세요.

1 수직의 •   • ⓐ primary color

2 (색이) 선명한 •   • ⓑ stiff

3 뻣뻣한 •   • ⓒ vertical

4 직사각형의 •   • ⓓ shape

5 원색 •   • ⓔ rectangular

6 실선의 •   • ⓕ solid

7 모양 •   • ⓖ vivid

Ⓑ 대화의 빈칸에 들어갈 알맞은 표현을 찾아보세요.

A: I'd like to add a cozy touch to our living room.

B: That sounds good. Do you have a plan?

A: I was thinking of using a couple of ___1___ colors with lighter ___2___. What about a soft beige and a muted taupe?

B: I love them. They will bring a comfy and warm feel to the space.

A: I know, right? We should also get some ___3___ cushions in those colors.

B: Definitely. Are you going to change our coffee table? You have always hated its ___4___ ___5___.

A: Yeah. I have been browsing for a square marble top with ___6___ corners.

B: I can help. I've got some time this afternoon.

| ⓐ rounded | ⓑ fluffy | ⓒ texture | ⓓ shades | ⓔ neutral | ⓕ rough |

6 개념어

DAY 39

상태

새것 같은 중고를 사고 싶어요

시계 좋네요?

우리는 많은 물건을 사기도 하고 팔기도 하며 살아가는데, 요즘은 새 상품뿐 아니라 중고 상품도 많이 사고팔죠? 오늘은 물건의 상태를 표현하는 방법에 대해 배워 보아요.

brand-new
[brǽndnjúː]

adj 완전 새것의

Mark said that a **brand-new** Harley-Davidson motorcycle was parked near the station.

역 근처에 완전 새 Harley-Davidson 오토바이가 세워져 있다고 Mark가 말했어요.

친절한 보카샘

새 제품을 샀을 때 반짝반짝한 완전 새것, 단 한 번도 사용하지 않은 제품이라는 것을 뜻할 때는 brand-new라고 하고, 최첨단 기술의 제품은 a cutting-edge product, a high-tech product, the latest product라고 한답니다.

sophisticated
[səfístəkèitid]

adj 정교한, 세련된

Grace Dental only uses high-tech equipment, including a **sophisticated** X-ray machine.

Grace 치과는 정교한 엑스레이 기계를 포함하여 최첨단의 장비만 사용합니다.

durable
[djú(ː)ərəbl]

adj 오래가는, 튼튼한

Painted steel may be more **durable** than steel itself.

페인트를 칠한 철이 그냥 철보다 더 오래갈 것 같아요.

waterproof
[wɔ́ːtərprùːf]

adj 방수의

Melissa bought me a **waterproof** watch for my birthday.

Melissa는 나에게 생일 선물로 방수 시계를 사 줬어요.

친절한 보카샘

-proof는 '(손상 등에) 견딜 수 있는'이라는 뜻이에요. 그래서 bulletproof(방탄의), runproof(물감이 번지지 않는), fireproof(불에 타지 않는, 내연성의), windproof(바람이 안 통하는), frostproof(얼지 않는) 등에 -proof가 사용됩니다.

certified
[sə́ːrtəfàid]

adj 보증된

This diamond is **certified** as genuine.

이 다이아몬드는 진품으로 보증된 것이에요.

친절한 보카샘
- certification은 '물건의 보증서, 증명서'를 의미하며, certificate은 '자격증, 면허증, 수료증 등의 증명서'를 의미합니다. a birth certificate은 '출생증명서', marriage certificate은 '혼인 증명서'입니다. 그리고 이러한 '증명서를 발행하다'라는 표현은 issue a certificate라고 합니다.
- ISO는 International Organization for Standardization의 줄임말로 '국제표준화기구'를 의미합니다. 이 단체는 1926년에 시작되어 국제적으로 제품이나 기술의 표준을 만들어 세계적인 조화를 촉진시키는 역할을 하고 있으며 전 세계에 164개국이 회원으로 있습니다.

torn
[tɔːrn]

adj 찢어진

His clothes were **torn** and bloody.

그의 옷은 찢어지고 피가 묻어 있었어요.

permanently
[pə́ːrmənəntli]

adv 영구히, 영구적으로

Gina and Jordan had decided to settle **permanently** in the United States. Gina와 Jordan은 미국에 영구 정착하기로 결심했어요.

친절한 보카샘
- 유의어: forever, everlastingly, eternally

broken
[bróukən]

adj 깨진, 부서진

There's no easy way to clean up a **broken** bottle of strawberry syrup.

깨진 딸기 시럽 병을 치울 수 있는 쉬운 방법은 없어요.

repaired
[ripérd]

adj 수리된

While the front door is being **repaired**, please use the back entrance.

앞문이 수리되는 동안, 뒷문을 사용해 주세요.

eco-friendly
[ìːkəufréndli]

adj 친환경의

If you buy more than five books, you get an **eco-friendly** bag as a gift.

다섯 권 넘게 책을 사시면 친환경 가방을 선물로 드려요.

> **친절한 보카샘**
>
> 우리가 경제 발전에 지나치게 몰두하다 보니 환경이 많이 오염되었습니다. 이에 요즘은 친환경 제품들을 많이 찾고, 자연을 다시 깨끗하게 되돌리려는 노력을 많이 하고 있는데요. 요즘 plogging과 beachcombing이 온라인상에서 해시태그 되어 있는 것을 종종 보셨을 거예요. plogging은 무엇인가를 '줍는다'는 의미의 pick up과 '달린다'는 의미의 jogging을 합쳐 '달리면서 쓰레기 줍기'를, beachcombing은 '해변가'를 의미하는 beach와 '빗질한다'는 의미의 combing을 합쳐 '깨끗하게 치우기'를 말합니다. 여러분들도 시간이 나면 plogging과 beachcombing에 동참해 보는 것이 어떨까요?

fragile
[frǽdʒəl]

adj 깨지기 쉬운

Be careful with that vase on the table. It's very **fragile**.

탁자 위에 있는 꽃병 조심해. 매우 깨지기 쉽거든.

outdated
[àutdéitid]

adj 오래된, 유행이 지난

My company spent millions of dollars replacing **outdated** computer hardware and software.

우리 회사는 오래된 컴퓨터 하드웨어와 소프트웨어를 교체하는 데 수백만 달러를 썼어요.

scratched
[skrǽtʃt]

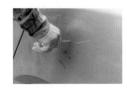

adj 스크래치가 난

My brand-new Ferrari was badly **scratched** by a drunken pedestrian.

술 취한 보행자가 나의 완전 새 Ferrari에 심하게 스크래치를 냈어요.

> 친절한 보카샘
>
> 우리가 자주 쓰는 scratch는 scrape와 비슷하지만 뜻이 조금 다르답니다. scratch는 표면을 상대적으로 길게 긁은 것입니다. 예를 들어 자동차 열쇠로 차를 긁은 것이지요. 반면 scrape는 상대적으로 넓은 표면이 손상된 것으로, 담장에 자동차를 부딪쳤을 때 나는 상처는 scrape랍니다.

disposable
[dispóuzəbl]

adj 일회용의

We should try not to use **disposable** gloves when cooking.

우리는 요리를 할 때 일회용 장갑을 이용하지 않도록 노력해야 해요.

오늘의 심화 어휘 : 물건의 상태를 설명하는 표현들

refurbished
리퍼 상품의

secondhand
중고의

limited edition
한정판의

used like new
새것처럼 사용한

organic
유기농의

fuel-efficient
에너지 효율이 좋은

standard compliant
보통사람들이 인정하는 품질의

state-of-the-art
최첨단의

Daily Review

6

개념어

Ⓐ 우리말 뜻에 알맞은 단어를 연결해 보세요.

1 오래가는, 튼튼한 •   • ⓐ scratched

2 수리된   •   • ⓑ eco-friendly

3 깨지기 쉬운   •   • ⓒ sophisticated

4 정교한, 세련된 •   • ⓓ disposable

5 스크래치가 난 •   • ⓔ fragile

6 친환경의   •   • ⓕ durable

7 일회용의   •   • ⓖ torn

8 찢어진   •   • ⓗ repaired

Ⓑ 대화의 빈칸에 들어갈 알맞은 표현을 찾아보세요.

A: Wow, amazing. What's that on your wrist?

B: I bought a new watch. It's ____1____ released just a week ago.

A: It seems delicate and high-tech.

B: Yes! It lasts 15 days on just one battery charge. Also, it is made of ____2____ material that doesn't break easily.

A: This might be your watch ____3____. You'll never need another one!

B: Yes. It really is a(n) ____4____ product. And if it is broken, I can get it repaired for free for 30 years.

A: Amazing. My watch looks ____5____ and fragile. I want to buy a new one, too.

ⓐ durable   ⓑ certified   ⓒ brand-new   ⓓ permanently   ⓔ outdated

DAY 40 감정
기분이 좋았다 안 좋았다 해요

원래 95점이었다고???

인간은 이성적인 동물이라고 하지만, 이성보다는 감성이 풍부한 사람들이 요즘 주목받고 있죠. 오늘은
사람의 감정을 나타내는 어휘들을 배워 보아요.

motivated
[móutiveitid]

adj 동기가 부여된, 자극을 받아 의욕을 가진

If you are **motivated** to study, you feel happier and more fulfilled.

공부할 동기가 부여된다면, 너는 더 행복하고 더 충만한 느낌을 갖게 될 거야.

> **친절한 보카쌤**
>
> 말을 물가에 데리고 갈 수는 있지만 물을 먹일 수는 없다는 말이 있습니다. 우리는 동기 부여가 되지 않은 상태로는 무엇인가를 해내기 힘들다는 의미예요. 미국에서는 '동기'와 관련된 말을 종종 합니다. I have a strong motivation.(나는 동기가 매우 강하다.), I was motivated by a famous actor.(나는 유명한 배우에게 동기를 부여받았다.) 등으로 쓰입니다.

determined
[ditə́:rmind]

adj 단단히 결심한, 단호한, 완강한

I'm **determined** to succeed and earn one million dollars a month.

나는 성공해서 한 달에 백만 달러씩 벌 것이라고 단단히 결심했습니다.

grateful
[gréitfəl]

adj 고마워하는

I am so **grateful** for these encouraging comments.

이런 용기를 주는 말들을 해 줘서 너무 고마워.

> **친절한 보카쌤**
>
> 학생들이 grate를 great로 잘못 쓰는 경우가 종종 있는데 철자에 유의하세요! great는 '좋은, 최고의'라는 뜻을 가집니다.
>
> ■ 유의어: appreciative, thankful, filled with gratitude

amazing
[əméiziŋ]

adj 놀라운

The special effects in the film *Dawn of the Planet of the Apes* are **amazing**.

영화 '혹성탈출: 반격의 서막' 속의 특수 효과들은 놀라워요.

> **친절한 보카쌤**
>
> 감정을 나타내는 '감정동사'는 현재분사(-ing)와 과거분사(p.p.)로 변형하여 사용하는 때가 다릅니다. 감정은 -ing를 이용해서 표현하고, 감정을 느끼는 사람은 p.p.를 이용해서 표현합니다.
> • The movie is **amazing**. 그 영화는 놀라워요.
> • I was **amazed**. 나는 놀랐어요.

6
개념어

vibrant
[váibrənt]

adj 활기가 넘치는

Sam is having a **vibrant** life in a large city.

Sam은 대도시에서 활기가 넘치는 생활을 하고 있어요.

cheerful
[tʃíərfəl]

adj 발랄한

Jenny is always **cheerful** and outgoing.

Jenny는 항상 발랄하고 외향적이에요.

🗣 친절한 보카샘

cheer는 명사로 '응원의 함성, 환호성'을 뜻하며, 운동 경기를 할 때 응원의 함성이 매우 크고 발랄한 상태가 cheerful입니다. 많은 미국 고등학교 여학생들은 학교 운동팀의 치어리더가 되고 싶어 합니다. 안무를 잘해야 할 뿐 아니라 교과 성적이나 교우 관계도 좋아야 치어리더로 선발될 수 있으며, 학생부 종합 전형으로 대학교에 갈 때도 치어리더로서 활동을 잘했다면 가산점이 있습니다.

assured
[əʃúərd]

adj 확신하는

Lotte Giant's victory looks **assured**.

롯데 자이언츠의 승리가 확실해 보여요.

betrayed
[bitréi]

adj 배신당한

I know that you feel **betrayed**, but you have to go back to Victoria and talk to her.

네가 배신당한 느낌이라는 것은 알지만, Victoria에게 돌아가서 이야기를 좀 해 봐.

🗣 친절한 보카샘

■ 유의어: deceived, stabbed in the back

regretful
[rigrétfəl]

adj 후회하는

There was a **regretful** tone in Hannah's voice because she spent too much on her new car.

Hannah의 목소리에서 후회하는 어조가 느껴졌는데 왜냐하면 그녀가 새 차를 사는 데 너무 많은 돈을 사용했기 때문이에요.

disgusting
[disgʌ́stiŋ]

adj 구역질 나는, 역겨운

This pizza tastes really **disgusting**!

이 피자는 정말 구역질 나(게 맛이 없어)!

친절한 보카샘

한국말로 '구역질 난다'라는 말은 다소 과격하여 잘 쓰이지 않지만, 미국에서, 특히 미국의 10대들은 disgusting이라는 말을 자주 씁니다. 음식이 맛이 없을 때 disgusting이라는 단어를 쓰고, 사람의 행동이 정말 보기 싫다는 표현을 할 때도 disgusting을 사용합니다.

• I find your racism really **disgusting**. 나는 너의 인종차별적 행동이 구역질 나.

furious
[fjú(:)əriəs]

adj 몹시 화가 난

I was about an hour late, and my girlfriend was **furious** with me. 내가 1시간 정도 늦어서 내 여자 친구가 나에게 몹시 화가 났어.

친절한 보카샘

▪ 유의어: very angry, mad

depressed
[diprést]

adj 우울한, 지나치게 감성적인

Anna looked **depressed** because she had to take three more exams.

Anna는 우울해 보였는데, 시험을 세 개나 더 치러야 했기 때문이에요.

친절한 보카샘

▪ 유의어: gloomy, unhappy, sorrowful, melancholy, discouraged, moody, down in the dumps
▪ depression 우울증

6

개념어

shameful

[ʃéimfəl]

adj 수치스러운, 창피한

Better a glorious death than a **shameful** life.

수치스러운 삶을 사느니 영광스러운 죽음이 낫다.

long face

phr 시무룩한 얼굴

Hey, Ashley, why the **long face**?

Ashley, 왜 그렇게 시무룩한 얼굴이니?

친절한 보카샘

우리는 슬플 때, 우울할 때 입꼬리도 내려가고, 눈도 내려가면서 얼굴이 길어 보입니다. 그래서 long face는 '시무룩한 얼굴'을 뜻한답니다.

오늘의 심화 어휘: 색깔을 이용한 감정 표현

green with envy 샘이 나다	**red in the face** 화가 나다	**tinkled pink** 아주 행복한
yellow belly 겁쟁이	**white as a sheet** 무서워서 창백한	**feeling blue** 우울한

Daily Review

A 우리말 뜻에 알맞은 단어를 연결해 보세요.

1 확신하는 ·   · ⓐ cheerful
2 배신당한 ·   · ⓑ furious
3 단단히 결심한 ·   · ⓒ disgusting
4 발랄한 ·   · ⓓ shameful
5 몹시 화가 난 ·   · ⓔ assured
6 수치스러운, 창피한 ·   · ⓕ betrayed
7 구역질 나는, 역겨운 ·   · ⓖ determined

B 대화의 빈칸에 들어갈 알맞은 표현을 찾아보세요.

A: Michael, why the ___1___ ?

B: I took a science test, but I got a bad grade. I am ___2___ that I didn't study last weekend. What about you? You don't look so good.

A: Yeah, my math score makes me feel ___3___ .

B: Oh, I see. Last semester, I got a bad grade in math, but Mrs. Peterson ___4___ me to study harder. That's why I got a good grade this semester.

A: Really? You must feel ___5___ to her.

B: Yes. I will go see Mrs. Peterson next week, because I got an A+ in math.

A: ___6___ ! Your grade has improved so much!

> ⓐ depressed ⓑ grateful ⓒ amazing
> ⓓ regretful ⓔ long face ⓕ motivated

생각
늘 복잡한 머릿속

머리가 잘 안 돌아가요!

우리는 많은 생각을 하며 하루를 보냅니다. 옛날에 있었던 일들을 떠올려 보기도 하고, 미래에 대해 고민을 하기도 합니다. 오늘은 머릿속을 설명하는 어휘들을 배워 보아요.

ponder
[pándər]

ⓥ 곰곰이 생각하다

Take a few days to **ponder** the question before you jump to a conclusion.

결론을 성급하게 내기 전에 며칠 시간을 가지며 질문에 대해 곰곰이 생각해 보세요.

✎ 친절한 보카쌤

'생각하다'라는 뜻을 가진 영어 단어는 think가 있어요. 그럼 think와 ponder의 차이는 무엇일까요? think는 보통 자신의 의견이나 생각을 표현할 때 많이 쓰이고, ponder는 '우리 삶의 의미는 무엇일까?' 등의 깊은 고민을 할 때 쓰인답니다.

intuition
[ìntʃuːíʃən]

ⓝ 직관력

I was guided by **intuition** and personal experience.

나는 직관력과 개인적 경험에 이끌려 행동했어요.

think straight

phr 논리적으로 생각하다, 머리가 잘 돌아가다

Because of a headache, I cannot **think straight** now.

머리가 아파서 나는 지금 논리적으로 생각할 수가 없어요.(머리가 잘 안 돌아가요.)

✎ 친절한 보카쌤

잠을 잘 자지 못하거나 여러 일로 '머리가 잘 안 돌아간다, 머리가 복잡하다'는 표현을 하고 싶을 때는 위의 예문처럼 I cannot think straight., I'm out of it today. 또는 I'm not really on the ball.이라고 하면 됩니다. on the ball은 문자 그대로 해석해 보자면 공 위에 서 있는 거죠? 공 위에 서 있을 수 있다는 것은 정신이 맑고 머리가 잘 돌아간다는 것이에요. 더 나아가 '저 사람 정말 똑 부러지네.'라고 말하고 싶을 때도 I think that he is on the ball. 또는 직접적으로 He does his work so perfectly.라고 하면 됩니다.

6
개념어

intellect
[íntəlèkt]

ⓝ 지적 능력

Einstein is a man of great **intellect**.

Einstein은 지적 능력이 탁월한 사람이에요.

logical
[ládʒikəl]

adj 논리적인

It seems to be a **logical** choice for Zeki to transfer to another school.

Zeki가 다른 학교로 전학 가는 것이 논리적인 선택 같아요.

subconscious
[sʌbkánʃəs]

adj 잠재의식의

Nail-biting is often a **subconscious** reaction to too much worrying.

손톱을 물어뜯는 것은 걱정을 너무 많이 하는 것에 대한 잠재의식의 반응이에요.

친절한 보카샘

인간의 의식에 의해 만들어지는 마음은 10% 정도밖에 되지 않으며, 90%는 잠재의식 이라고 해요. 그만큼 우리가 의식하지 못하는 의식도 크다는 것인데요. 의식, 잠재의 식, 무의식과 관련된 단어에 대해 알아볼게요.

- conscious 의식하는, 판단 기능이 정상적인
- unconscious 의식을 잃은, 의식이 없는
- unconsciously 무의식적으로, 무심결에
- senseless 의식을 잃은, 인사불성의

perceive
[pərsíːv]

v 지각하다, 인지하다

Young kids who get good scores on school tests often **perceive** themselves to be winners.

어린아이들은 학교 시험 성적이 좋으면 자신을 승리자라고 지각해요.

recall
[rikɔ́ːl]

v 기억해 내다

Can you **recall** what happened last night?

어젯밤에 무슨 일이 일어났었는지 기억해 낼 수 있겠니?

친절한 보카샘

우리가 알고 있는 call은 '전화하다', '이름을 부르다'라는 뜻이지만 이 뜻이 확장되어 서 머릿속에 전화해서 정보를 꺼낸다고 생각하면 쉽게 외울 수 있을 거예요. recall은 re와 call이 합쳐져서 만들어진 단어죠? re는 '다시'라는 의미이고 call은 '불러내다' 즉, 머릿속에 든 것을 다시 끄집어낸다는 뜻이에요. recall과 비슷해 보이는 단어로는 remember가 있어요. remember는 '기억하다'라는 뜻이고, recall은 기억한 것을 꺼낸다는 것을 의미한답니다.

doubting
[dáutiŋ]

adj 의심하는

Robert asked Scarlet in a **doubting** voice, "Are you sure you brought the passport?"

Robert가 Scarlet에게 의심하는 목소리로 물어봤어요, "여권 확실히 가지고 온 거지?"

친절한 보카샘

- no doubt 의심할 여지가 없이, 틀림없는

---

attentive
[əténtiv]

adj 주의를 기울이는, 관심을 두는

Most customers prefer companies which are **attentive** to customers' opinions.

대부분의 고객은 자신들의 의견에 관심을 갖는 회사를 선호합니다.

친절한 보카샘

attentive의 명사형인 attention을 많이 들을 수 있습니다. 공항에서 중요한 안내 사항을 말하기 전에 May I have your attention.(집중해서 들어 주세요.)라고 하지요. 학교에서 선생님께서 공지 사항을 말씀하시기 전에, 회사에서 직원들에게 안내 사항을 말하기 전에도 아주 많이 쓰이니 꼭 기억해 주세요!

---

intention
[inténʃən]

Customer Target

n 의도

I'm sure that your **intentions** were good.

네 의도는 좋은 것이었다는 걸 나는 확신해.

---

figure out

phr 알아내다

Can you **figure out** how the IT system works?

IT 시스템이 어떻게 작동하는지 알아낼 수 있니?

친절한 보카샘

figure out과 find out은 모두 '알아내다'라는 뜻이 있습니다. 하지만 약간의 차이도 있답니다. figure out은 머리를 써서 어떤 것의 원리를 알아내는 경우에 많이 사용되고, find out은 어떤 사실을 알아내거나 물리적으로 발견해 내는 경우에 많이 사용된답니다.

mental
[méntəl]

adj 정신의, 마음의

Not only physical but **mental** deterioration occurs naturally with age.

나이가 들어감에 따라 신체뿐 아니라 정신적 퇴화도 자연스럽게 일어납니다.

친절한 보카샘

요즘 '멘탈이 약하다, 멘탈이 나가다' 등의 표현을 많이 쓰는데요, 이는 '형용사'인 mental을 한국어에서 '명사'로 잘못 쓰는 경우입니다. 그러나 영어에서 mental은 형용사로만 쓰이기 때문에 '정신'이라는 말을 하고 싶을 때는 mind, consciousness 등의 단어를 사용해야 함을 명심하세요!

blackout
[blǽkàut]

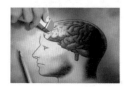

n 일시적인 기억 상실

Mary had a **blackout** and couldn't remember anything about the accident.

Mary는 일시적인 기억 상실이 와서 사고에 대해 아무것도 기억할 수 없었어요.

친절한 보카샘

blackout은 전기가 나가서 암흑이 되는 '정전'의 뜻도 있습니다. 연극 등의 무대에서 잠시 커튼을 치고 조명을 끄고 장면을 변경시킬 때, 전시 상황에서 전파 방해로 통신이 되지 않을 때도 blackout이라는 단어를 씁니다.

오늘의 심화 어휘: 좌뇌와 우뇌가 담당하는 것

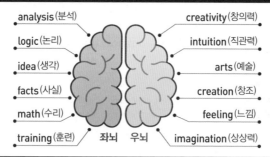

analysis (분석) · logic (논리) · idea (생각) · facts (사실) · math (수리) · training (훈련) · 좌뇌

creativity (창의력) · intuition (직관력) · arts (예술) · creation (창조) · feeling (느낌) · imagination (상상력) · 우뇌

Daily Review

Ⓐ 우리말 뜻에 알맞은 단어를 연결해 보세요.

1	알아내다	•	• ⓐ subconscious
2	곰곰이 생각하다	•	• ⓑ intuition
3	지각하다	•	• ⓒ figure out
4	논리적인	•	• ⓓ intention
5	잠재의식의	•	• ⓔ ponder
6	의도	•	• ⓕ intellect
7	지적 능력	•	• ⓖ perceive
8	직관력	•	• ⓗ logical

Ⓑ 대화의 빈칸에 들어갈 알맞은 표현을 찾아보세요.

A: Good morning, Linda. Did you think about our vacation plans?

B: No, I slipped and fell on my way home last night and I had a(n) ___1___ . So I cannot ___2___ now.

A: Really? Are you all right?

B: Not really, I can't ___3___ what happened last night.

A: I think you should go to the hospital to get a checkup.

B: I was having doubts about my ___4___ health anyway.

A: I can recommend a doctor who is very competent and also ___5___ .

B: That would be great. I have no ___6___ you will recommend me a good doctor.

ⓐ mental	ⓑ doubt	ⓒ blackout	ⓓ attentive	ⓔ recall	ⓕ think straight

Answer A. 1 ⓒ 2 ⓔ 3 ⓖ 4 ⓗ 5 ⓐ 6 ⓓ 7 ⓕ 8 ⓑ
B. 1 ⓒ 2 ⓕ 3 ⓔ 4 ⓐ 5 ⓓ 6 ⓑ

DAY 42

Vocabulary Check
개념어

Ⓐ 우리말 뜻에 해당하는 표현의 기호를 쓰세요.

1 _____ 100만
2 _____ 일회용의
3 _____ 몹시 화가 난
4 _____ 솜털 같은
5 _____ 기억해 내다
6 _____ 매주의, 주 1회의
7 _____ 셀 수 없이 많은

ⓐ fluffy
ⓑ recall
ⓒ weekly
ⓓ countless
ⓔ disposable
ⓕ million
ⓖ furious

Ⓑ 빈칸에 들어갈 알맞은 표현을 고르세요.

1 My train was _____ due to technical problems.
ⓐ quickened ⓑ outnumbered ⓒ delayed

2 I would like to buy a pillow which is low and _____.
ⓐ soft ⓑ vertical ⓒ neutral

3 The airplane must be _____ to meet the safety standards.
ⓐ durable ⓑ certified ⓒ broken

4 The chocolate cake which I ate yesterday was _____.
ⓐ durable ⓑ amazing ⓒ fluffy

정답 A. 1 ⓕ 2 ⓔ 3 ⓖ 4 ⓐ 5 ⓑ 6 ⓒ 7 ⓓ B. 1 ⓒ 2 ⓐ 3 ⓑ 4 ⓑ

C 알맞은 표현을 골라 문장을 완성하세요.

ⓐ due	ⓑ durable	ⓒ solid	ⓓ ponder	ⓔ odd number

1 I used to _____ over my girlfriend's words to figure out the hidden meaning.

2 The next bus is _____ in ten minutes.

3 Two is an even number and three is an _____.

4 If you type in _ _ _ (three underscores) and press enter, you can create a bolder _____ line when using Word.

5 A plastic cup is more _____ than a paper cup.

D 우리말 뜻에 맞게 문장을 완성하세요.

1 I'm really _____ for everything you've done for my family.
제 가족에게 해 주신 모든 일에 정말 감사드려요.

2 When we are lost and don't know what to do, we should trust our
_____.
우리가 길을 잃고 어떻게 해야 할지 모를 때, 우리는 우리의 직관력을 믿어야 해요.

3 We will arrive in Alabama at 8 o'clock _____ _____.
우리는 현지 시간으로 8시 정각에 Alabama에 도착해요.

4 This table has _____ edges that are safe for young children.
이 테이블은 모서리가 둥글어서 어린아이들에게 안전해요.

CHAPTER

7

사회

CHAPTER 7
사회

DAY 43 교육
배움의 끝은 어디?

인간을 더욱 인간답게 하는 힘, 학습!

평생을 우리는 배우고 또 배우죠. 태어나면서부터 성인이 되기까지 보편적으로 경험하는 학습에 관한 어휘들을 학교생활에 좀 더 무게를 두고 살펴보아요.

class schedule

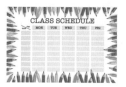

phr (수업) 시간표

Let me check my **class schedule** to see if we can go grab something to eat real quick.

얼른 뭐 좀 먹을 시간이 되는지 수업 시간표 좀 확인해 볼게요.

친절한 보카샘

- schedule (미) = timetable (영) → 수업 외에도 일정한 시간에 반복되는 '일정'이나 비행기, 기차 등의 '운행 일정표'를 뜻할 수 있어요.
- schedule classes = set up a timetable 강의 시간표를 짜다

academic year

phr 학년도, 한 해 중 수업을 하는 기간

The **academic year** usually lasts from September to June in the U.S. 미국에서 학년도는 보통 9월에서 6월까지 이어지죠.

친절한 보카샘

- academic year = school year → 국가나 지역별로 개강 및 종강일이 다를 수 있어요.
- academic calendar 학업 일정표
- calendar year 달력의 해(예: 2020년)
- year in school 학년(예: 3학년)
- academic term 학기
- quarter (term) 1년을 4분기로 나누어 네 학기 동안 수업하는 중 한 학기
- semester (term) 1년을 2분기로 나누어 두 학기 수업하는 중 한 학기
- school day 수업일, 학교에 수업이 있어서 가는 날

break
[breik]

n 방학, 휴식

I am so excited the winter **break** is in two weeks!

겨울 방학이 2주 후에 시작해서 너무 신나요!

친절한 보카샘

- break 방학, 휴식 → 학기 사이의 방학, 일을 하다 잠시 쉬는 휴식
- vacation 방학, 휴가 → 재충전을 위한 여행
- holiday 휴일 → 국가나 기관에서 주로 공식적으로 지정한 휴일

credit
[krédit]

n (수업이나 강의를 듣는, 주로 주당 수업 시간에 해당하는) 이수 단위 시간, 학점; (과제 등을 제출하여 받는) 점수, 인정

You must complete 128 **credits** to graduate.

졸업하려면 128학점을 이수해야 해요.

Course Title	Credits Gr
Linguistics	Doctoral
Phonetics	4.00
Morphology & Syntax	4.00
Wrk Grad Orientation	1.00
Wrk Cognitive Ling	1.00

parenting
[pérəntiŋ]

ⓝ 양육, 육아; 부모가 자녀를 돌보고 가르치는 일

I would say I have an authoritative **parenting** style, which I heard is one of the best for children.

제 생각에 전 권위 있는 양육 방식을 쓰는 것 같은데, 그게 자녀들을 위해 가장 좋은 방법 중 하나라고 들었어요.

nursery
[nɔ́:rsəri]

ⓝ (집이나 건물의) 유아방; 병원 신생아실; 어린이집

I plan to decorate the **nursery** in blue.

유아방을 파란색으로 꾸미려고 해요.

친절한 보카샘

- (day) nursery (영) = daycare (center) (미) 어린이집
  She drops her son off at the **nursery** around 9 a.m. every weekday.
  그녀는 평일 아침에는 늘 9시쯤 아들을 어린이집에 데려다 줘요.
- nursery school = preschool (3~5세) 유치원 → nursery는 놀이나 보육에, nursery school은 학습과 교육에 좀 더 중점을 둔답니다.
- nursery rhyme 동요

enroll in

ⓟⓗⓡ (수업이나 학교에) 등록하다

I just **enrolled in** the Korean history class you recommended. 네가 추천해 준 한국사 수업에 막 등록했어.

친절한 보카샘

- be admitted to[into] ~에 합격하다
- register for = sign up for ~에 수강 신청하다 → register for는 전반적인 신청과 등록에, enroll in은 주로 학교와 관련해 쓰이며 수강 신청 및 납부를 하여 학교에 등록이 되는 걸 뜻해요.
- pay tuition and fees 등록금을 납부하다

sit in on

ⓟⓗⓡ (수업을) 청강하다; (회의 등에) 방청하다

Prof. Smith, can I **sit in on** your biology 101 this term?

Smith 교수님, 이번 학기에 교수님의 기초 생물학을 청강해도 될까요?

turn in

phr ~을 제출하다

Once it is past due, you will no longer be allowed to **turn in** the assignment for credit.

제출 기한이 지나면, 점수를 받기 위해 과제를 제출하는 것은 더는 허락되지 않아요.

친절한 보카샘

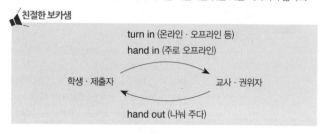

turn in (온라인 · 오프라인 등)
hand in (주로 오프라인)

학생 · 제출자　　　　　　　　　　교사 · 권위자

hand out (나눠 주다)

out of

phr ~점 만점의

A: What is it **out of**? 몇 점 만점인가요?

B: It is **out of** 10. 10점 만점입니다.

grade
[greid]

n (과목의) 성적, 학점, (과제의) 점수

Mr. Johnson posted the **grades** last night.

Johnson 선생님께서 어젯밤 성적을 올리셨어요.

n 학년

A: What **grade**[year] are you in? 너는 몇 학년이니?

B: I'm in the fourth **grade**[year] of elementary school.

　　저는 초등학교 4학년이에요.

친절한 보카샘

- **term[course] grade** 학기[과목] 성적
- **report card** 성적표
- **grading option** 성적 부여 방식 → letter grade = grade(A, B, C 등의 등급 방식) 또는 pass or no pass = pass or fail(통과했는지 보는 만족 방식) 등이 있어요.

grade appeal

phr 성적 이의 신청

Oh my, I got a C? I should file a **grade appeal**.

오 이런, 내가 C를 받았다고? 성적 이의 신청을 해야겠어요.

친절한 보카샘

appeal a grade라고 동사구로 쓸 수도 있습니다.

do a degree

MASTER'S DEGREE

phr 학위 과정을 밟다, 학위를 받다

Becky is **doing a master's (degree)** in artificial intelligence at MIT. Becky는 MIT에서 인공지능 석사 학위 과정을 밟는 중이에요.

친절한 보카샘

구체적 학위의 종류를 말하는 경우가 흔하며, 그런 경우 '학위'라는 뜻의 단어 degree는 생략할 수 있어요.
- a bachelor's (degree) = a BA 학사 학위 → '비에이'라고 읽어요.
- a master's (degree) = a MA 석사 학위 → '엠에이'라고 읽어요.
- a PhD (degree) = a PhD 박사 학위 → '피에이치디'라고 읽어요.

do의 시제에 따라, 현재진행형을 쓰면 '학위 과정을 밟고 있다', 과거형을 쓰면 '학위 를 땄다'를 표현할 수 있어요. 현재형은 쓰지 않아요.
- He **did his master's (degree)** in business at MIT.
  그는 MIT에서 경영학 석사 학위를 받았어요.

---

major
[méidʒər]

n 전공자; 전공

I'm a second-year statistics **major** minoring in psychology.
저는 심리학을 부전공하는 통계학 전공 2학년이에요.

친절한 보카샘

동사 의미인 '전공하다'로 major in을 사용할 수도 있어요
- Phil **majored in** international relations at Harvard.
  Phil은 Harvard에서 국제 관계학을 전공했어요.
- minor 부전공
- double major 복수 전공

오늘의 심화 어휘: 교육 기관들

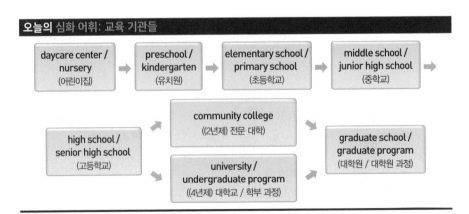

| daycare center / nursery (어린이집) | → | preschool / kindergarten (유치원) | → | elementary school / primary school (초등학교) | → | middle school / junior high school (중학교) | → |

| high school / senior high school (고등학교) | → | community college ((2년제) 전문 대학) | → | graduate school / graduate program (대학원 / 대학원 과정) |
| | → | university / undergraduate program ((4년제) 대학교 / 학부 과정) | → | |

Daily Review

Ⓐ 우리말 뜻에 알맞은 단어를 연결해 보세요.

1 (수업) 시간표 ·   · ⓐ parenting

2 유아방 ·   · ⓑ academic year

3 성적 이의 신청 ·   · ⓒ enroll in

4 학년도 ·   · ⓓ grade appeal

5 학위 과정을 밟다 ·   · ⓔ nursery

6 양육 ·   · ⓕ do a degree

7 학부 과정 ·   · ⓖ class schedule

8 (학교에) 등록하다 ·   · ⓗ undergraduate program

Ⓑ 대화의 빈칸에 들어갈 알맞은 표현을 찾아보세요.

A: Hey, Mom! I got 17 ___**1**___ 20 on the term paper for the biochemistry class!

B: Congrats, Tony! You mean the one you ___**2**___ last Monday? You worked really hard on it.

A: Yes. I think I can now receive an A for the course. As it is worth three ___**3**___, it can help raise my GPA. Do you remember I decided not to merely ___**4**___ it at the last minute? I'm glad I took it for a(n) ___**5**___.

B: I'm so happy for you, dear. You can fully enjoy the spring ___**6**___ in Jeju.

| ⓐ sit in on | ⓑ break | ⓒ grade | ⓓ credits | ⓔ turned in | ⓕ out of |

정치
정알못도 괜찮아!

누가 이길까?

정(치에 대해 잘) 알(지 못)하는 평범한 우리조차 일상에서 종종 사용할 법한 정치, 선거, 외교에 대한 표현을 배워 봅시다.

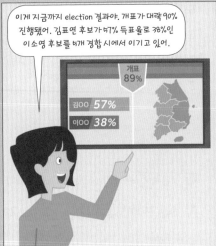

power
[páuər]

ⓝ 권력

Under the separation of **powers**, a government divides its powers into separate branches, typically into the legislative, executive, and judicial branches.

권력 분립의 원칙에 따라, 정부는 보통 입법부, 행정부, 사법부라는 별개의 부서로 권력을 분립합니다.

친절한 보카샘

- separation of powers(권력 분립): 보통 '삼권 분립'으로 이루어지며, 정부 권력이 각 부서에 균형 있게 분리되어 독립된 정치가 가능하게 돕죠.
- 연관된 정치적 원리로 '견제와 균형'은 checks and balances라고 해요.

party
[páːrti]

ⓝ 정당

Which political **party** do you support? 어떤 정당을 지지하세요?

친절한 보카샘

친목을 도모하는 모임인 '파티'라는 표현이 정치 상황에서는 '정당'을 뜻해요. 그럼 다양한 정당을 영어로 표현해 볼까요?

- ruling **party** = governing **party** 여당
- opposition **party** 야당
- incumbent **party** 집권당
- **party** member 당원
- conservative **party** 보수 정당
- progressive **party** 진보 정당
- right-wing **party** 우파 정당
- left-wing **party** 좌파 정당

Democratic
[dèməkrǽtik]

ⓐ (미국의) 민주당의

The two major political parties in the United States are the **Democratic** Party and the Republican Party.

미국의 두 주요 정당은 민주당과 공화당이에요.

policy
[páləsi]

ⓝ 정책

They are working on a new **policy** to boost the local economy.

그들은 지역 경제를 부양하기 위해 새로운 정책을 준비하고 있어요.

presidential
[prèzidénʃəl]

adj 대통령의

What are the pros and cons of the **presidential** system?
대통령제의 장단점이 뭘까요?

친절한 보카샘

- presidential system(대통령제): 대한민국과 여러 나라에서는 국민이 투표를 통해 국회의원들과 대통령을 선출하죠. 대통령의 직이나 임기는 presidency라고 해요.
- parliamentary (cabinet) system(의원 내각제): 영국 등의 나라에서는 국민이 투표를 통해 국회의원들을 선출하면, 그들이 수상을 선출해요. parliament는 '의회'를 뜻하고, 영국에는 상원인 the House of Lords와 하원인 the House of Commons가 있어요.

prime minister

phr 수상

I would say the former **prime minister** negotiated a better deal with Russia.
제 생각엔 전직 수상께서 러시아와 더 나은 거래를 성사시켰던 것 같아요.

term of office

phr 임기

Do you think the President will serve a second **term of office**? 대통령이 연임할 수 있을까요?

친절한 보카샘

'사무실' 혹은 '정부 공직이나 직무'를 뜻하는 office와 '기간'을 뜻하는 term을 더한 표현으로, 간단히 term이라고 하기도 해요.
- 5-year term (of office): 5년 임기 → 대한민국의 대통령은 임기가 5년인데 반해, 미국의 대통령은 4년이며 재선을 통해 8년까지, 다른 대통령의 임기를 잇는 경우 최대 10년까지 가능해요.

national assembly

phr (대한민국 등의) 국회; (프랑스 혁명 당시의) 국민 의회

Have you ever been to the **National Assembly** building in Yeouido? 여의도에 있는 국회의사당에 가 본 적 있으세요?

친절한 보카샘

국가마다 의회의 구성과 명칭이 다릅니다. 한국과 미국만 예를 들어 볼까요?

한국	미국
the Blue House 청와대	the White House 백악관
the National Assembly 국회	the Congress 의회 the Senate 상원 the House of Representatives 하원
the National Assembly building 국회의사당	the Capitol 의사당

election
[ilékʃən]

ⓝ 선거

I am so happy Jane won this 2025 presidential **election**.
이번 2025년 대통령 선거에서 Jane이 당선되어서 너무 기뻐요.

✎ 친절한 보카샘

선거와 관련된 표현은 일상에서도 많이 쓰이죠. 좀 더 알아볼까요?
- **election** day 선거일　　　　・ **election** results 선거 결과

campaign
[kæmpéin]

ⓝ (특정 목적을 지지하거나 반대하는) 운동; 선거 운동, 선거 유세

First Lady Younghee Park joined the (election) **campaign** to woo the voters in the swing states. 영부인 박영희 여사께서 경합 주 유권자들에게 지지를 호소하기 위해 선거 운동에 참여했어요.

✎ 친절한 보카샘

campaign은 동사 '캠페인이나 선거 운동을 하다'로도 사용할 수 있어요.
- She **campaigned** for the mayor. 그녀는 시장이 되기 위해 선거 운동을 했어요.
stump는 특히 미국에서 '돌아다니며 선거 유세하다; 선거 유세'라는 의미로 사용해요. stump는 나무 등이 잘린 후 남은 부분을 뜻하는데, 초기 미국에서 후보자들이 나무 그루터기 위에서 선거 연설을 한 데서 유래했다고 해요.
- on the **stump** 선거 유세 중인　・ **stump** for (다른 사람을 위해) 선거 유세하다

run for

ⓟⓗⓡ ~에 출마하다

Who is **running for** the Republican nomination this year?
올해 공화당 후보 지명에 누가 출마하죠?

vote
[vout]

ⓝ (선거의) 표; 투표; 총투표수

Seventy-two percent of the mail-in **votes** have been counted. 우편 투표의 개표가 72퍼센트 진행되었습니다.

✎ 친절한 보카샘

vote는 광범위하게 '투표; 투표하다'를 뜻해요. '무기명[비밀] 투표'는 ballot이라 하죠. '투표용지'나 '투표함'에는 vote를 사용하는 대신 ballot (paper)이나 ballot box라고 해요. 그 외의 경우에는 vote와 ballot을 고루 사용해요.
- cast a[one's] **vote[ballot]** 투표하다
- count **votes[ballots]** 개표하다　・ early **voting[balloting]** 사전 투표
- absentee **voting[balloting]** 부재자 투표

diplomatic

[dìpləmǽtik]

adj 외교의, 외교술이 뛰어난

They agreed to normalize **diplomatic** relations with China. 그들은 중국과 외교 관계를 정상화하기로 동의했습니다.

친절한 보카쌤

'외교 관계'는 마지막에 항상 -s를 붙여서 diplomatic relations 또는 diplomatic ties라고 말하고, '외교관'은 많은 다른 직업을 말할 때 -er이나 -or을 붙이는 것과 달리 diplomat이라고 해요. 또한 다른 사람들이나 외국과 좋은 관계를 맺는 기술인 '외교술'은 diplomacy라고 한답니다.

summit

[sʌ́mit]

n 정상 회담

I was surprised to hear that they declined the invitation to attend the G20 **summit**.
그들이 G20 정상 회담에 참석해 달라는 초청을 거절했다는 걸 듣고 놀랐어요.

오늘의 심화 어휘: 정치가

the Republic of Korea(대한민국)   the United States of America(미합중국)

prime minister(국무총리)
speaker(국회의장)
minister(장관)
vice minister(차관)
member of the
National Assembly
(국회의원)

president
(대통령)
chief of staff
(대통령 비서실장)
mayor
(시장)

vice president(부통령)
senator(상원의원)
representative(하원의원)
secretary(장관)
governor(주지사)

Daily Review

A 우리말 뜻에 알맞은 단어를 연결해 보세요.

1 임기	•	• ⓐ summit
2 정당	•	• ⓑ run for
3 정상 회담	•	• ⓒ prime minister
4 권력	•	• ⓓ Democratic
5 국회	•	• ⓔ national assembly
6 ~에 출마하다	•	• ⓕ party
7 수상	•	• ⓖ term of office
8 민주당의	•	• ⓗ power

B 대화의 빈칸에 들어갈 알맞은 표현을 찾아보세요.

A: Nate, look! They are live-streaming the ___1___ counting process on TV.

B: How are the votes looking?

A: Here are the ___2___ results so far. About 90 percent of the ballots are counted. Candidate Pyoyeon Kim is leading in these five swing cities with 57 percent of the vote against candidate Soyoung Lee with 38 percent.

B: Candidate Kim is likely to win this ___3___ election.

A: Yeah. He was pretty ___4___ when I saw him on the ___5___ trail.

B: I hope to see him carry out his election pledge to reform tax ___6___.

ⓐ election ⓑ diplomatic ⓒ policies ⓓ vote ⓔ presidential ⓕ campaign

법

정의의 저울을 받아랏!

골치 아픈 층간 소음 문제

규칙은 나부터 먼저 지켜야 세상이 질서 있고 정의로워지겠죠? 오늘은 불가피하게 닥칠 수 있는 법적 상황과 소송에 대비해 볼까요?

justice
[dʒʌ́stis]

ⓝ 재판; 정의

We have enough circumstantial evidence to bring this criminal to **justice**.

이 범인을 재판을 받게 할 수 있는 충분한 정황 증거를 가지고 있어요.

legal
[líːgəl]

ⓐ 법과 관련된, 합법적인

She has been threatening to take **legal** action against me over a comment I posted on Facebook.

그녀는 내가 페이스북에 올렸던 말에 대해 나에게 법적 조처를 하겠다고 협박하고 있어요.

⚜ 친절한 보카샘

It's illegal. 또는 It's against the law.라고 하면 '불법이야.'라는 뜻입니다. 법에 대한 다른 표현 몇 개만 더 살펴볼까요?

- law: (일반적이고 넓은 의미의) 법
- constitution: 헌법 → 모든 법의 기초가 되는 헌법에는 law를 쓰지 않아요.
- code; act; statute: 법률
- regulation: (법의 구체적인 집행을 위한) 규정 → 법적 제제가 있어요.
- rule: (경기나 특정 상황에서 따라야 하는) 규칙, 원칙 → 법적인 처벌은 받지 않아요.

violate
[váiəlèit]

ⓥ (평화나 사생활을) 침해하다; (법이나 합의를) 위반하다

That doesn't give you the right to **violate** my privacy.

당신이 내 사생활을 침해할 권리가 있는 건 아니잖아요.

guilty
[gílti]

ⓐ 유죄의

Do you find her guilty or not **guilty** of the murder in the first degree? 본 일급 살인에 대해 그녀가 유죄입니까 아니면 무죄입니까?

⚜ 친절한 보카샘

- plead: (법정에서 피고가 자신이 유죄 혹은 무죄라고) 답하다
  The defendant **pleaded** guilty to a lesser charge.
  피고는 유죄를 인정함으로써 더 낮은 형량을 받았어요.
- plea: 피고의 답변; 법원에 제출하는 사유서; 애원
  a **plea** of guilty[not guilty] 유죄[무죄]라는 답변

waive
[weiv]

ⓥ (요금이나 규칙·법률의 적용을 공식적으로) 면제하다

Go ask if it is possible to **waive** the fee.

수수료를 면제해 줄 수 있는지 가서 물어봐.

ⓥ (권리 등을 공식적으로) 포기하다

Are you sure you agree to **waive** your right to appeal?

항소할 권리를 포기하는 데 확실히 동의하시나요?

📢 친절한 보카샘

'면제하다'라는 뜻의 waive는 일상에서 수수료, 요금, 벌금 등을 면제받을 때 유용해요.

---

sue
[su:]

ⓥ 고소하다, 소송을 제기하다

Kathy **sued** the company for libel.

Kathy가 회사를 명예 훼손으로 고소했어요.

---

charge
[tʃɑːrdʒ]

ⓥ (특정 죄나 혐의로 검사가 누군가를) 기소하다

The ex-convict was **charged** with murder.

그 전과자는 살인죄로 기소되었어요.

ⓝ 기소, 혐의

Prosecutors dropped the **charges** against him on Wednesday. 검찰은 수요일 그에 대한 기소를 철회했어요.

📢 친절한 보카샘

indict 역시 '기소하다'라는 뜻인데, grand jury(대배심)가 소송을 제기할 때 쓰여요.

---

attorney
[ətɜːrni]

ⓝ 변호사

The defense **attorney** tried hard to convince the jury that her client was innocent. 피고측 변호사는 자신의 의뢰인이 결백함을 배심원단에게 확신시키기 위해 열심히 노력했죠.

📢 친절한 보카샘

'변호사'를 지칭하는 표현은 국가나 상황에 따라 좀 달라요. 몇 개만 살펴볼까요?

- lawyer (일반적으로) 변호사 → 법적 자격을 갖춘 사람들을 통칭해요.
- attorney, attorney-at-law (미국에서) 변호사
- counsel (법정에서 지정된) 변호인(단) ■ public defender 국선 변호사
- pro bono lawyer 무료 변호사 → pro bono 무료 변론: 라틴어 pro bono publico(공공의 이익을 위하여)의 줄임말로 무료로 법률 서비스를 제공하는 것을 뜻해요.

take the stand

phr 증언대에 서다

I was asked to **take the** (witness) **stand**, but I refused to testify against my son.

증언대에 서달라고 요청받았지만, 내 아들에게 불리한 증언을 하는 건 거부했어요.

verdict
[və́:rdikt]

n (배심원단의) 평결

Has the jury reached a **verdict**? 배심원단의 평결이 나왔습니까?

> 🔊 친절한 보카샘
>
> '배심(원)제'란 시민으로 구성된 배심원단이 형사 사건에서 유무죄를 판단하고, 이에 따라 판사가 최종 선고를 내리는 제도예요. 미국, 러시아 등의 국가들이 사용 중이에요. 미국 시민이라면 어느 날 법원으로부터 배심원으로 출석하라는 호출을 받을 수 있답니다! 의무이기 때문에 위반 시 형사 처벌을 받을 수 있어요. 직장도 그날은 합법적으로 쉴 수 있고 소액의 수고비도 받아요.
> - a guilty **verdict** 유죄 평결　　　　- a not guilty **verdict** 무죄 평결
> - obtain a not guilty **verdict** 무죄 판결을 받다
> - a majority **verdict** 과반수 평결　　　- an open **verdict** 사인 불명 판결

sentence
[séntəns]

v (형을) 선고하다

The judge **sentenced** him to ten years in prison.

판사는 그에게 징역 10년을 선고했어요.

> 🔊 친절한 보카샘
>
> sentence는 '선고, 형벌'처럼 명사로도 사용해요.
> - death **sentence** 사형 선고 → 사형은 death penalty랍니다.
> - life **sentence** 종신형, 무기 징역
> - prison **sentence** = imprisonment 징역형
> - deferred **sentence** 선고 유예
> convict(유죄를 선고하다)나 acquit(무죄를 선고하다)처럼 단어 자체로 유·무죄 여부를 나타내기도 해요.

probation
[proubéiʃən]

n 집행 유예, 보호 관찰; 근신

Being a first-time offender, the accused was put on **probation** for two years.

그 피고는 초범이라서 집행 유예 2년을 선고받았어요.

court
[kɔːrt]

ⓝ 법정, 법원

All rise. The **court** is now in session.

모두 일어나 주세요. 개정합니다[재판을 시작합니다].

trial
[tráiəl]

ⓝ 재판, 공판

On the very first day of the **trial**, the suspect voluntarily confessed to the criminal act.

재판 바로 첫날에, 혐의자[용의자]가 범죄 행위에 대해 자발적으로 자백했어요.

친절한 보카샘

- 법정, 법원, 재판, 한국어로도 헷갈리시죠? '법정'은 법에 따라 정치를 하기 위해 법원이 소송 사건을 심리하고 판결하는 장소를 말해요. '법원'은 사법권을 행사하는 기관을 말하며, 여기에는 대법원, 고등 법원, 지방 법원 등이 있죠. 법원 안에 재판을 진행하는 법정이 있죠. 흔히 이 둘을 혼용하여 사용하곤 해요. '재판'은 소송 사건을 해결하기 위해 판사, 변호사, 검사 등의 사람들이 판결, 결정, 명령 등을 내리는 일, 또는 그 판단을 말해요. 형사 재판, 민사 재판, 행정 재판이 있어요.
- courtroom은 법정만을, trial은 재판만을, court는 법정, 법원, 재판, 심지어 거기서 법적 판단을 하는 사람들까지도 모두 의미할 수 있답니다.
- trial과 다르게 더 짧고 비공식적인 hearing은 '청문회, 공청회'를 말해요.

오늘의 심화 어휘: 법정 안의 사람들

	criminal trial(형사 재판)	civil trial(민사 재판)
	judge(판사)	defendant(피고)
the accused(피고)	court clerk(법원 서기)	defense counsel (피고 측 변호사)
defense counsel (변호사)	witness(증인)	
	jury(배심원)	plaintiff(원고)
crown prosecutor (검사)	gallery(방청객)	plaintiff counsel (원고 측 변호사)

Daily Review

A 우리말 뜻에 알맞은 단어를 연결해 보세요.

1 (요금 등을) 면제하다 ·		· ⓐ charge
2 증언대에 서다 ·		· ⓑ waive
3 재판, 공판 ·		· ⓒ verdict
4 재판; 정의 ·		· ⓓ trial
5 기소, 혐의 ·		· ⓔ take the stand
6 (배심원단의) 평결 ·		· ⓕ probation
7 법과 관련된, 합법적인 ·		· ⓖ justice
8 집행 유예 ·		· ⓗ legal

B 대화의 빈칸에 들어갈 알맞은 표현을 찾아보세요.

A: Hi there. What's up?

B: I am sorry, Becky, but do you possibly know how I can find a pro bono _____1_____? My neighbor downstairs _____2_____ us for noise between floors. She argues we _____3_____ their right to live in a quiet environment.

A: My, that sounds frustrating.

B: I know, right? We were found _____4_____ and _____5_____ to pay a fine of one million won. I'd like to appeal this case.

A: Doesn't an appeal cost you much?

B: Maybe. I gotta look into this for sure before this case goes to _____6_____ again.

ⓐ guilty　ⓑ sued　ⓒ sentenced　ⓓ court　ⓔ attorney　ⓕ violated

7
사
회

DAY 46 사건 · 사고

사고가 나는 것은 싫어요!

지진이 일어났다고요?

우리 삶은 늘 평화로운 것 같지만 예상치 못한 사건과 사고가 일어나기도 합니다. 오늘은 우리 주변에서 일어나는 사건과 사고를 영어로 어떻게 표현하는지 알아보아요.

earthquake
[ɔ́ːrθkwèik]

ⓝ 지진

Although the **earthquake** caused severe structural damage to other houses, my house was intact.

지진은 다른 집에 심각한 구조적 손상을 초래했지만 우리 집은 멀쩡했어요.

친절한 보카샘

- tsunami 쓰나미
- tornado 토네이도, 회오리바람
- typhoon 폭풍우
- hurricane 허리케인
- cyclone 사이클론
- monsoon 장마

collapse
[kəlǽps]

ⓥ (건물이) 붕괴하다

The roof of my school **collapsed** under a heavy load of snow yesterday.

어제 눈의 무게 때문에 저희 학교의 지붕이 붕괴됐어요.

victim
[víktim]

ⓝ (사건·사고의) 희생자, 피해자

Millions of people became the **victims** of this fatal virus.

수백만 명의 사람들이 이 치명적인 바이러스의 희생자가 되었어요.

친절한 보카샘

주변 사람들이 큰 사건, 사고에 휘말렸을 때 우리는 상대를 위로해 주어야 할 때가 많습니다. 한국에서는 '어떻게 해….' 또는 '힘내세요.' 등의 말을 사용하는데, 영어로는 어떻게 표현하면 좋을까요? 영어로는 I'm so sorry (to hear that).(정말 안됐구나.), That's too bad.(안타까워라.), I can't believe it.(믿어지지 않아.) 등의 말로 상대를 위로하고 이해해 주는 것이 좋습니다.

catastrophe
[kətǽstrəfi]

ⓝ 참사, 재앙

The President referred to this destructive flood as a **catastrophe**.

대통령은 이번에 일어난 파괴적인 홍수를 재앙으로 명명했습니다.

car crash

phr 자동차 충돌 사고

It has been three years since her niece broke her leg in a **car crash**. 그녀의 조카가 자동차 충돌 사고로 다리가 부러진 지 3년이 되었어요.

친절한 보카쌤

자동차에 문제가 생긴 상황에 대해 알아보아요.
- I have a flat tire. 내 자동차 타이어가 터졌어.
- The car battery ran out. 자동차 배터리가 방전되었어.
- I have to call a tow truck. 견인차를 불러야 해.

차량과 관련된 사고에 관해 알아보아요.
- hit and run accident 뺑소니   ■ drunk driving 음주 운전
- rollover (차량) 전복   ■ speeding 과속

mishap
[míshæp]

n 작은 사고

Our journey to Washington ended without a single **mishap**.
우리의 워싱턴으로의 여행은 어떠한 작은 사고도 없이 끝났어요.

injure
[índʒər]

v (사고로) 부상을 입히다

I can confidently say that I did not **injure** Patrick.
나는 Patrick을 부상 입히지 않았다고 자신 있게 말할 수 있어요.

친절한 보카쌤
- choked 숨 막히는   ■ poisoned 중독이 된, 독약을 먹은
- bruised 멍이 든   ■ inflamed 염증이 생긴

murder
[mə́:rdər]

v 살해하다

Mark denies attempting to **murder** his friend.
Mark는 자신의 친구를 살해하려고 시도했던 것을 부인하고 있어요.

fraud
[frɔːd]

ⓝ 사기

Sam was a victim of an elaborate fraud.
Sam은 정교하게 설계된 사기의 희생자였어요.

친절한 보카샘

fraud는 수천만 원 이상의 돈이 걸린, 그리고 법정에 갈 정도의 큰 사건에서 사용되며, swindle은 fraud보다 규모가 조금 작은 사기나 거짓말을 말할 때 사용됩니다. 친구 간에 속이고 거짓말을 하는 상대적으로 규모가 작은 거짓말이나 속임수를 이야기할 때는 scam이라는 단어를 씁니다.

- That **swindle** soured potential investors.
  그 사기가 많은 잠재적 투자자들을 틀어지게 했습니다.
- Maggie tried to **scam** me. Maggie가 나를 속이려고 했어요.

criminal
[kríminəl]

ⓐⓓⓙ 범죄의

Tom professed that he had no knowledge of Roy's criminal activities.
Tom은 Roy가 저지른 범죄 행동에 대해 아는 것이 없다고 주장했어요.

emergency
[imə́ːrdʒənsi]

ⓝ 응급 상황, 비상사태

Hey, we need a doctor. It's an emergency!
여보세요, 의사가 필요해요. 응급 상황이에요!

shoplifting
[ʃɑ́ːpliftiŋ]

ⓝ 상점에서 물건을 훔치는 것

Peter was caught by a store detective yesterday for shoplifting. Peter는 어제 상점에서 물건을 훔쳐서 상점 경비원에게 잡혔어요.

친절한 보카샘

우리나라에서 현상수배 범죄자를 잡으면 돈을 받을 수 있죠? 미국에서도 마찬가지인데요, 직업적으로 현상금을 노리고 범죄자를 잡는 bounty hunter도 있습니다. 온 가족이 힘을 합쳐 범죄자를 잡는 'The Bounty Hunter(2010)'라는 영화도 있으니 한번 찾아서 보시면 재미있을 것 같아요.

- cop (비격식체) 경찰
- patrol car 순찰차
- sheriff 보안관
- bounty hunter 현상금 사냥꾼

drowning
[dráuniŋ]

adj 익사하는

A **drowning** man will clutch at a straw.

(속담) 물에 빠지면[익사하는 사람은] 지푸라기라도 움켜쥔다.

🎏 친절한 보카샘

- sink (배가 바다에) 침몰하다
- soak, drench, immerse 액체에 담그다
- submerge 잠수하다, 액체 속에 잠기다
- douse (물을 뿌려서) 불을 끄다, (옷 등을) 적시다

explode
[iksplóud]

v 폭발하다

The bomb that Wily set was timed to **explode** during rush hour.

Wily가 설치한 폭탄은 러시아워[복잡한 시간대]에 폭발하도록 설정되어 있었습니다.

오늘의 심화 어휘: 범죄의 유형

robbery 강도	**kidnap** 납치	**sexual harassment** 성추행	**pickpocket** 소매치기
carjacking 차량 탈취	**theft** 절도	**hijack** (차량, 비행기) 납치	**break-in** 침입

A 우리말 뜻에 알맞은 단어를 연결해 보세요.

1	지진	•	• ⓐ shoplifting
2	부상을 입히다	•	• ⓑ emergency
3	작은 사고	•	• ⓒ earthquake
4	익사하는	•	• ⓓ criminal
5	응급 상황, 비상사태	•	• ⓔ drowning
6	범죄의	•	• ⓕ injure
7	상점에서 물건을 훔치는 것	•	• ⓖ mishap
8	사기	•	• ⓗ fraud

B 대화의 빈칸에 들어갈 알맞은 표현을 찾아보세요.

A: Louis, did you hear the news? There was a(n) ___1___ yesterday.

B: Really? Did it also cause a Tsunami?

A: Yes, so many people ___2___.

B: Oh, my god. That's too bad.

A: Furthermore, there was a big powder magazine, and it ___3___.

B: So many people must have been ___4___!

A: Yes, buildings ___5___ and casualties are likely to increase. It is a big ___6___.

> ⓐ disaster ⓑ exploded ⓒ collapsed
> ⓓ earthquake ⓔ injured ⓕ drowned

7

사회

공중 보건
모두 건강하게 으샤!

깨끗하게, 건강하게, 자신 있게~!

일상생활에서 나와 주변을 청결하게 함으로써 우리 다 함께 건강한 삶을 살아 볼까요?

public health

phr 공중 보건

The purpose of **public health** programs is to prevent disease and promote health of the community.

공중 보건은 질병을 예방하고 지역 사회의 건강을 증진하기 위한 것입니다.

health care

phr 의료 서비스, 건강 관리

We should work together to ensure that everyone has access to quality **health care**.

모두가 질 좋은 의료 서비스를 받을 수 있도록 함께 노력해야 합니다.

> **친절한 보카샘**
> - get[receive] bad[poor] **health care** 질이 나쁜 의료 서비스를 받다
> - provide[give/offer] good[quality] **health care** 좋은 의료 서비스를 제공하다

hygiene

[háidʒi(:)n]

n 위생

Here are five useful tips to maintain good toilet **hygiene**.

화장실 위생을 청결하게 유지하기 위한 유용한 5가지 팁이 여기 있습니다.

7

사
회

safety standard

phr 안전 기준

Our new workplace **safety standards** are effective as of January 15th, 2023.

우리의 새로운 직장 안전 기준은 2023년 1월 15일부로 시행됩니다.

> **친절한 보카샘**
> - standard, rule, regulation, measure, guideline 기준, 규정
> - safety hazards 안전상의 위험
> - develop, set up, implement, and comply with safety standards
>   안전 기준을 개발하고, 설정하고, 시행하고, 준수하다

outbreak
[áutbrèik]

ⓝ (질병이나 전쟁 등의 갑작스러운) 발발, 발생

Are we ready for an **outbreak** of influenza A?

저희는 인플루엔자 A 바이러스의 발발에 대비가 되어 있나요?

spread
[spred]

ⓥ (균이나 질병이) 확산되다, 퍼지다

The disease quickly **spread** to more than 10 countries.

그 질병은 10개가 넘는 나라로 빠르게 확산되었어요.

친절한 보카샘

= be transmitted = be passed → be spread로는 쓰지 않아요

• The virus **is** commonly **transmitted** between people who are in close contact. 그 바이러스는 가까이 접촉하는 사람들 사이에서 흔히 퍼집니다.

infectious
[infékʃəs]

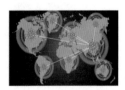

ⓐⓓⱼ (사람 등이 이미 병에 걸려서) 병을 옮길 수 있는, (병이) 전염성이 있는

Be careful. I can be **infectious** for up to a week.

조심하세요. 제가 최대 일주일 정도까지 병을 옮길 수도 있거든요.

pandemic
[pændémik]

ⓝ (전국적 혹은 전 세계적으로 집단 전체에 퍼져 있는) 대유행병

The Black Death, aka the Plague, is the most fatal **pandemic** in history.

역병이라고도 불리는 흑사병은 역사상 가장 치명적인 대유행병입니다.

ⓐⓓⱼ (병 등이 전국적·전 세계적으로) 대유행하는

The World Health Organization has raised the **pandemic** alert level from phase 3 to phase 4.

세계 보건 기구가 대유행 경보 수준을 3단계에서 4단계로 격상했어요.

친절한 보카샘

▪ epidemic 빠르게 확산하여 동시에 다수에게 유행하는; 유행병 → pandemic은 epidemic의 한 유형으로서, 더 광범위한 지역의 집단 대부분에 퍼진 상황에 쓰여요.

병명을 pandemic이나 epidemic 앞뒤로 쓸 수 있어요.

▪ COVID-19 **pandemic** 코로나19 대유행병

▪ a **pandemic** bird flu 대유행하는 조류 인플루엔자[독감]

prevention
[privénʃən]

ⓝ 예방

The Centers for Disease Control and **Prevention** suggests vaccination as a primary prevention strategy for reducing infection.

미국 질병통제예방센터는 감염을 줄이기 위한 일차적인 예방 전략으로 예방접종을 제안합니다.

> 🎺 친절한 보카샘
>
> ▪ preventive 예방의, 방역의
> What **preventive** measures should we take to keep drinking water safe? 식수를 안전하게 보호하기 위해서 어떤 예방책을 써야 할까요?

screening
[skríːniŋ]

ⓝ (건강) 검진

Don't forget to go for a regular health **screening** to detect medical conditions at an early stage.

질병을 조기에 발견하기 위해 정기적으로 건강 검진을 받으러 가시는 것을 잊지 마세요.

sanitize
[sǽnitàiz]

ⓥ 소독하다, 살균하다

How often do I need to **sanitize** my hands?

얼마나 자주 손을 소독해야 하나요?

> 🎺 친절한 보카샘
>
> 소독하는 방법에 따라 여러 표현이 있어요.
> ▪ sanitize: 청소하거나 닦아서 먼지나 병균 등이 없도록 위생 처리하다
> ▪ disinfect: 화학 약품 등을 이용하여 세균이나 박테리아 등을 없애다
> ▪ sterilize: 세균 등을 완전히 박멸[멸균]하다 (수술 도구, 우유, 물 등)
> ▪ sanitizer, disinfectant, sterilizer: 소독제, 소독기

monitor
[mánitər]

ⓥ (긴 기간 동안 전개 발달을) 관찰하다, 감시하다

Monitor your health daily, and follow guidance if symptoms develop.

건강을 매일 관찰하시고, 만약 증상이 보이면 안내를 따르세요.

7

사회

social distancing

phr 사회적 거리두기

To practice **social distancing**, avoid close contact and keep at least one-meter distance from others.

사회적 거리두기를 실천하기 위해서, 가까운 접촉을 피하고 다른 사람들로부터 최소 1m 이상의 거리를 유지하세요.

quarantined
[kwɔ́ːrəntíːnd]

adj (전염병의 확산을 막기 위해) 격리된

I have to be self-**quarantined** for two weeks.

저는 2주간 자가격리해야 해요.

친절한 보카샘

■ quarantine 검역, 격리 (기간/상태); 격리하다
The pigs will be kept in **quarantine** for another week.
돼지들은 일주일 더 격리될 거예요[검역소에 있을 거예요].

■ **quarantine** station (공항이나 항구의) 검역소

오늘의 심화 어휘: 건강 검진

questionnaire 설문지	**fast** 금식(하다)	**checkup day** 검진일	**consultation** 상담
blood pressure . 혈압	**urine test** 소변 검사	**stool test** 대변 검사	**physical exam** 신체검사
ultrasound scan 초음파 검사	**radiography** 방사선 촬영	**test results** 검진 결과	**follow-up** 추적 검사

Daily Review

A 우리말 뜻에 알맞은 단어를 연결해 보세요.

1 대유행병 •
2 의료 서비스 •
3 (질병의) 발발 •
4 검진일 •
5 (전개 발달을) 관찰하다 •
6 전염성이 있는 •
7 공중 보건 •

• ⓐ health care
• ⓑ outbreak
• ⓒ pandemic
• ⓓ monitor
• ⓔ checkup day
• ⓕ infectious
• ⓖ public health

B 대화의 빈칸에 들어갈 알맞은 표현을 찾아보세요.

A: Jenny, do you have hand ___1___ ?

B: Sure, here it is. The virus has ___2___ so quickly.

A: I know, right? I can't wait to go back to normal life without this ___3___ .

B: Who wouldn't? I was so tired of staying home alone while I was ___4___ after my business trip to Paris.

A: So sorry, Jen. I'm thankful that people do care about personal ___5___ and cover themselves with a mask when around others.

B: That's true. Wait, I gotta go. I need to get ready for a ___6___ soon. See you, Tom!

ⓐ spread   ⓑ sanitizer   ⓒ self-quarantined
ⓓ health screening   ⓔ social distancing   ⓕ hygiene

7
사
회

환경
지구야, 아프지 마~

괜히 놀러 갔어!

우리 인간의 무분별한 욕심과 개발로 인해 우리를 먹여 주고, 입혀 주고, 재워 준 지구가 병들어 버렸어요. 지구가 아파하는 이유와 어디가 아픈지를 알아보고 치료해 줍시다.

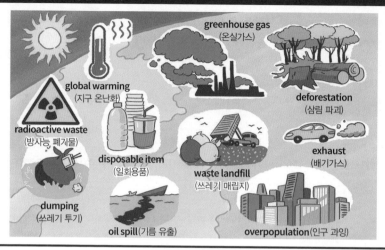

- global warming (지구 온난화)
- greenhouse gas (온실가스)
- deforestation (삼림 파괴)
- radioactive waste (방사능 폐기물)
- disposable item (일회용품)
- exhaust (배기가스)
- dumping (쓰레기 투기)
- waste landfill (쓰레기 매립지)
- oil spill (기름 유출)
- overpopulation (인구 과잉)

environment
[inváirənmənt]

ⓝ 환경

The natural **environment** includes all living and non-living things from nature, such as humans, animals, plants, air, water, and soil.

자연환경은 인간, 동물, 식물, 공기, 물, 흙과 같이 자연의 모든 생물과 무생물을 포함합니다.

pollute
[pəlú:t]

ⓥ 오염시키다

Humans have **polluted** the Earth for centuries.

인간은 수 세기에 걸쳐 지구를 오염시켜 왔어요.

🖌 친절한 보카샘

명사형은 pollution(오염)입니다. 여러 단어와 결합해서 다양한 종류의 오염을 표현할 수 있어요. 예를 들면, environmental pollution(환경 오염), air pollution(대기 오염), water pollution(수질 오염), soil pollution(토양 오염) 등이 있어요.

climate
[kláimit]

ⓝ 기후

Climate change is one of the most important environmental issues we are facing now.

기후 변화는 우리가 지금 직면하고 있는 가장 중요한 환경 문제들 중 하나예요.

---

extreme weather

phr 기상이변

Global warming is a major cause of **extreme weather**.

지구 온난화는 기상이변의 주요 원인이에요.

친절한 보카샘

'기상이변'이란 보통 30년을 기준으로 한 과거와 비교하여 극심하게 다른 기후가 보이는 것을 말해요. 환경 오염이 심해지면서 다음을 포함한 natural disaster(자연재해)가 더 극심한 형태로 발생한다고 해요.

- heat wave 폭염
- cold wave 한파
- drought 가뭄
- tropical night 열대야
- blizzard 폭풍을 동반한 폭설
- flood 홍수

---

depletion
[diplíːʃən]

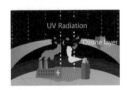

ⓝ 파괴, 고갈, 소모

We may have a higher risk for skin cancer as ozone **depletion** increases the amount of ultraviolet radiation.

오존층 파괴가 자외선 (복사) 양을 증가시키면서 피부암에 걸릴 위험이 더 커질 수도 있겠네요.

친절한 보카샘

depletion은 deplete라는 동사에서 오는데, '무언가가 남아 있지 않게 완전히 혹은 거의 다 써 버리다, 없애 버리다'라는 뜻이랍니다. ozone layer(오존층)의 일부가 toxic gases(유독 가스) 때문에 파괴되어 생긴 구멍을 ozone hole(오존홀)이라고 해요. 이 외에도 '천연자원 고갈'을 natural resource depletion이라고 하거나, '저축한 걸 다 써 버렸어.' 혹은 '비행기 표 사느라 은행 잔고가 바닥났어.'의 의미로 I depleted my savings. 혹은 The plane ticket depleted my balance.라고 할 수 있어요.

---

fine dust

phr 미세먼지

Isn't it great smartphones monitor the air quality and provides real-time, location-specific information on **fine dust**?

스마트폰이 대기 질을 추적 감시해서 미세먼지에 대해 실시간으로 위치별 정보를 준다는 게 멋지지 않니?

drinking water

phr 식수

One-third of the world population does not have access to safe **drinking water**.

전 세계 인구의 3분의 1이 안전한 식수를 이용하지 못하고 있어요.

친절한 보카샘

환경 오염으로 민물(fresh water)과 해수[바닷물](seawater)가 모두 오염되면서, 지하수(ground water)나 수돗물(tap water)을 바로 마시는 대신, 정수기(water purifier)를 사서 정수된 물(filtered[purified] water)을 마시거나 병에 담긴 물(bottled water)을 사서 먹는 일이 흔해져 버렸죠. 참 안타까운 일이에요.

algal bloom

phr 녹조, 녹조 현상

The Han River has turned green due to harmful **algal blooms**.

한강이 해로운 녹조 (현상) 때문에 초록색으로 변했어요.

degraded
[digréidid]

adj 질이 떨어진, 악화된

The soil has been **degraded** as humans have used the land improperly.

사람들이 땅을 부적절하게 사용하면서 토양의 질이 떨어졌어요.

desertified
[dizə́rtifaid]

adj 사막화된

How can we make the **desertified** soil fertile again?

어떻게 하면 사막화된 토양을 다시 비옥하게 만들 수 있을까요?

친절한 보카샘

desert? dessert? 헷갈리시죠? 전자는 '사막', 후자는 '디저트'를 말해요. 세상에 s 철자 한 개 때문에 뜻이 저렇게나 달라지니 유의하세요. desert는 '사막'이라는 명사의 뜻과 '버리다'라는 동사의 뜻을 모두 가지고 있는데, 따라서 desertification은 '사막화'를, desertion은 '유기; 내다 버림; 탈주'라는 전혀 다른 뜻을 가진답니다.

7

사회

ecological
[ìkəládʒikəl]

adj 생태계의

Species coexist with other species and with the environment to maintain **ecological** balance.

생태계의 균형을 유지하기 위해서 (생물의) 종들은 다른 종들과 그리고 환경과 공존합니다.

친절한 보카쌤

'생태계'는 ecosystem이라고 해요. 생태계 안의 여러 무생물과 생물들이 서로 조화를 이루며 서로의 생존에 필수적인 역할을 해요. 이들은 먹이 그물[사슬](food web [chain])을 이루죠. 식물(plant), 초식 동물(herbivore), 육식 동물(carnivore), 이들의 포식자(predator), 그리고 이들이 죽으면 분해해서 흙과 영양분으로 되돌리는 미생물(microorganism)로 이어지죠. 즉, 생산자(producer), 1차, 2차, 3차 소비자(primary, secondary, tertiary consumer), 분해자(decomposer)로 연결된답니다. 서로의 먹이가 되니 굶어 죽지 않으려면 서로가 꼭 필요하겠죠?

wildlife
[wáildlàif]

n 야생 동물

Legal or illegal, dumping in the ocean is threatening the survival of marine **wildlife**.

합법적이든 불법적이든 바다에 쓰레기를 버리는 것은 해양 생물들의 생존을 위협해요.

habitat
[hǽbitæt]

n 서식지

Did you know that urbanization destroyed the **habitats** of many animals? 도시화가 많은 동물의 서식지를 파괴했다는 걸 알고 있었어?

친절한 보카쌤

우리 말고 다른 생물들은 어디에 살고 있을까요?
- rainforest 열대 우림 → 너무 많은 동식물이 살아서 외계 같을 거예요.
- wetland 습지 → 많은 새들과 물고기들이 이곳을 아주 좋아해요.
- polar region 극지방 → 동물원에서 보던 북극곰과 바다표범은 여기가 원래 집이죠.
- coral reef 산호초 → 인어공주에 나오는 여러 바다 생물들의 파라다이스랍니다.

biodiversity
[bàioudaivə́:rsəti]

n 생물 다양성

Now, please take a look at this slide that shows how the loss of **biodiversity** impacts our lives.

자, 생물 다양성을 잃게 되는 것이 우리의 삶에 어떻게 영향을 미치는지를 보여 주는 이 슬라이드를 봐 주세요.

Daily Review

Ⓐ 우리말 뜻에 알맞은 단어를 연결해 보세요.

1 식수 · · ⓐ biodiversity

2 파괴, 고갈 · · ⓑ depletion

3 서식지 · · ⓒ fine dust

4 사막화된 · · ⓓ habitat

5 미세먼지 · · ⓔ desertified

6 질이 떨어진, 악화된 · · ⓕ degraded

7 생물 다양성 · · ⓖ drinking water

Ⓑ 대화의 빈칸에 들어갈 알맞은 표현을 찾아보세요.

A: I had zero interest in the ___1___ until my recent visit to Gyeonggi ___2___ Park.

B: What happened there?

A: It was ___3___ way more than I had thought.

B: Oh, was it? How?

A: The pond was disgusting, covered with ___4___ all over.

B: Gross!

A: I didn't even see much ___5___ , except for a few flocks of birds.

B: Poor thing. Hmm, ___6___ change is really threatening all of us.

> ⓐ environment ⓑ climate ⓒ polluted
> ⓓ Ecological ⓔ wildlife ⓕ algal blooms

Vocabulary Check
사회

Ⓐ 우리말 뜻에 해당하는 표현의 기호를 쓰세요.

1 _____ 이수 단위 시간, 학점

2 _____ 기상이변

3 _____ (건강) 검진

4 _____ 선거 운동

5 _____ 침입

6 _____ (수업을) 청강하다

7 _____ 침해하다; 위반하다

> ⓐ sit in on
>
> ⓑ break-in
>
> ⓒ extreme weather
>
> ⓓ campaign
>
> ⓔ credit
>
> ⓕ violate
>
> ⓖ screening

Ⓑ 빈칸에 들어갈 알맞은 표현을 고르세요.

1 Only computer science _____ can apply for this new job opening.

   ⓐ classes   ⓑ departments   ⓒ majors

2 Which political _____ is the former president from?

   ⓐ party   ⓑ policy   ⓒ member

3 You should get a flu shot because this virus is highly _____.

   ⓐ inflated   ⓑ infectious   ⓒ infinitive

4 Industrial development is destroying the _____ of many species.

   ⓐ habits   ⓑ habitats   ⓒ habituals

C 알맞은 표현을 골라 문장을 완성하세요.

> ⓐ summit ⓑ shoplifting ⓒ car crash ⓓ trial ⓔ drinking water

1 We had to go to _____ because she didn't sign the settlement agreement.

2 I got stuck in traffic because of a _____ on my way here.

3 Is tap water really as safe as bottled _____?

4 The kid showed no sign of regret when he got caught for _____.

5 Did you watch the press conference after the _____?

D 우리말 뜻에 맞게 문장을 완성하세요.

1 The quality of _____ _____ in South Korea is one of the world's best.
한국의 의료 서비스의 질은 세계 최고 중 하나죠.

2 You must file a(n) _____ _____ within the next two weeks.
앞으로 2주 안에 성적 이의 신청을 해야 해.

3 Tyler chose not to _____ _____ _____ in his own defense.
Tyler는 자신을 방어하기 위해서 증언대에 서지 않기로 했어요.

4 I have been coughing all day due to _____ _____.
미세먼지 때문에 온종일 기침이 나네요.

EBS 입이 트이는 영어 보카

1판 1쇄 발행 | 2021년 4월 29일
1판 3쇄 발행 | 2024년 4월 30일

지은이 | 최송이, 백정완, 오현주, 윤희진, 이옥영, 정여진, 최지영

펴낸이 | 김유열
디지털학교교육본부장 | 유규오
출판국장 | 이상호
교재기획부장 | 박혜숙
교재기획부 | 장효순

편   집 | ㈜ 글사랑
인   쇄 | 우진코니티

펴 낸 곳 | 한국교육방송공사(EBS)
출판신고 | 2001년 1월 8일 제2017-000193호
주   소 | 경기도 고양시 일산동구 한류월드로 281
대표전화 | 1588-1580
홈페이지 | www.ebs.co.kr
이 메 일 | ebsbooks@ebs.co.kr

ISBN 978-89-547-5775-1